财富世界行 系列丛书

Lighting The Origins Of Money

点亮金钱之源

印度财富世界之旅

Rich World Tour Of India

李华伟 / 编著

中国出版集团 现代出版社

图书在版编目(CIP)数据

点亮金钱之源 / 李华伟编著. —北京：现代出版社，2016.7
（2021.8重印）

ISBN 978-7-5143-5230-6

Ⅰ.①点… Ⅱ.①李… Ⅲ.①经济概况—印度

Ⅳ.①F135.1

中国版本图书馆CIP数据核字(2016)第160787号

编　　著	李华伟	
责任编辑	王敬一	
出版发行	现代出版社	
通讯地址	北京市安定门外安华里504号	
邮政编码	100011	
电　　话	010-64267325 64245264（传真）	
网　　址	www.1980xd.com	
电子邮箱	xiandai@cnpitc.com.cn	
印　　刷	北京兴星伟业印刷有限公司	
开　　本	700mm×1000mm 1/16	
印　　张	9.5	
版　　次	2016年12月第1版　2021年8月第3次印刷	
书　　号	ISBN 978-7-5143-5230-6	
定　　价	29.80元	

前言
QIANYAN

多年以来，我们就一直想策划关于G20的图书，经过艰苦努力，如今这个想法终于变成了现实。毋庸置疑，G20已经成为世界上最具影响力的经济论坛之一，而成员国则被视为世界经济界"脑力激荡"、"激发新思维"与财富的代名词。

我常常会在心里问自己：到底什么是财富？什么是经济？有的人可能会说，钱啊！这种说法从某种意义上来说有一定的道理。在这里我要说，只要是具有价值的东西都可以称之为财富，包括自然财富、物质财富、精神财富，等等。从经济学上来看，财富是指物品按价值计算的富裕程度，或对这些物品的控制和处理的状况。财富的概念为所有具有货币价值、交换价值或经济效用的财产或资源，包括货币、不动产、所有权。在许多国家，财富还包括对基础服务的享受，如医疗卫生以及对农作物和家畜的拥有权。财富相当于衡量一个人或团体的物质资产。

需要说明的是，世上没有绝对的公平，只有相对的强弱。有的人一出生就有豪车豪宅，而且是庞大家业的继承人；有的人一出生就只能是穷乡僻壤受寒冷受饥饿的孩子。自己的人生只有改变"权力、地位、财富"中的一项，才可以获得优势的生存机会。那么，财富又被

赋予了新的内涵:要创造财富,增加财富,维持财富,保护财富,享受财富;要提高自己的生活质量。

二十国集团是一个国际经济合作论坛,它的宗旨是为推动发达国家和新兴市场国家之间就实质性问题进行讨论和研究,以寻求合作并促进国际金融稳定和经济持续发展。二十国集团由美国、英国、日本、法国、德国、加拿大、意大利、俄罗斯、澳大利亚、中国、巴西、阿根廷、墨西哥、韩国、印度尼西亚、印度、沙特阿拉伯、南非、土耳其共19个国家以及欧盟组成。这些国家的国民生产总值约占全世界的85%,人口则将近世界总人口的2/3。本选题立足二十国集团,希望读者通过阅读能够全面了解这20个经济体,同时,能够对财富有一个全面而清醒的认识。

即使在基本写作思路确定后,对本书的编写还是有些许的担忧,但是工作必须做下去,既然已经开始,我们绝不会半途而废。在编写过程中,书稿大致从以下几个方面入手:

1. 立足G20成员国的经济、财富,阐述该国的经济概况、经济地理、经济历史、财富现状、财富人物以及财富未来的发展战略等。

2. 本书稿为面对青少年的普及型读物,所以在编写过程中尽量注重知识性、趣味性,力求做到浅显易懂。

3. 本书插入了一些必要的图片,对本书的内容进行了恰到好处的补充,以更好地促进读者的阅读。

尽管我们付出了诸多的辛苦,然而由于时间紧迫和能力所限,书稿错讹之处在所难免,敬请各方面的专家学者和广大读者批评指正,我们将不胜感激!

编 者

2012年11月

目录

开 篇 二十国集团是怎么回事

二十国集团,由八国集团(美国、日本、德国、法国、英国、意大利、加拿大、俄罗斯)和11个重要新兴工业国家(中国、阿根廷、澳大利亚、巴西、印度、印度尼西亚、墨西哥、沙特阿拉伯、南非、韩国和土耳其)以及欧盟组成。

二十国集团简介

二十国集团,由八国集团(美国、日本、德国、法国、英国、意大利、加拿大、俄罗斯)和11个重要新兴工业国家(中国、阿根廷、澳大利亚、巴西、印度、印度尼西亚、墨西哥、沙特阿拉伯、南非、韩国和土耳其)以及欧盟组成。按照惯例,国际货币基金组织与世界银行列席该组织的会议。二十国集团的GDP总量约占世界的85%,人口约为40亿。中国经济网专门开设了"G20财经要闻精粹"专栏,每日报道G20各国财经要闻。

【走近二十国集团】

二十国集团,又称G20,它是一个国际经济合作论坛,于1999年12月16日在德国柏林成立,属于布雷顿森林体系框架内非正式对话的一种机制,由原八国集团以及其余12个重要经济体组成。

THE LONDON SUMMIT 2009
STABILITY | GROWTH | JOBS

二十国集团的历史

二十国集团的建立，最初是由美国等 8 个工业化国家的财政部长于 1999 年 6 月在德国科隆提出的，目的是防止类似亚洲金融风暴的重演，让有关国家就国际经济、货币政策举行非正式对话，以利于国际金融和货币体系的稳定。二十国集团会议当时只是由各国财长或各国中央银行行长参加，自 2008 年由美国引发的全球金融危机使得金融体系成为全球的焦点，开始举行二十国集团首脑会议，扩大各个国家的发言权，它取代了之前的二十国集团财长会议。

二十国集团的成员

二十国集团的成员包括：八国集团成员国美国、日本、德国、法国、英国、意大利、加拿大、俄罗斯，作为一个实体的欧盟和澳大利亚、中国以及具有广泛代表性的发展中国家南非、阿根廷、巴西、印度、印度尼西亚、墨西哥、沙特阿拉伯、韩国和土耳其。这些国家的国民生产总值约占全世界的 85%，人口则将近世界总人口的 2/3。二十国集团成员涵盖面广，代表性强，该集团的 GDP 占全球经济的 90%，贸易额占全球的 80%，因此，它已取代 G8 成为全球经济合作的主要论坛。

【走近二十国集团】
二十国集团是布雷顿森林体系框架内非正式对话的一种机制，旨在推动国际金融体制改革，为有关实质问题的讨论和协商奠定广泛基础，以寻求合作并促进世界经济的稳定和持续增长。

二十国集团的主要活动

二十国集团自成立至今,其主要活动为"财政部长及中央银行行长会议",每年举行一次。二十国集团没有常设的秘书处和工作人员。因此,由当年主席国设立临时秘书处来协调集团工作和组织会议。

会议主要讨论正式建立二十国集团会议机制以及如何避免经济危机的爆发等问题。与会代表不仅将就各国如何制止经济危机进行讨论,也将就国际社会如何在防止经济危机方面发挥作用等问题交换意见。

1999 年 12 月 15 日至 16 日,第一次会议暨成立大会,德国柏林;

2000 年 10 月 24 日至 25 日,第二次会议,加拿大蒙特利尔;

2001 年 11 月 16 日至 18 日,第三次会议,加拿大渥太华;

2002 年 11 月 22 日至 23 日,第四次会议,印度新德里;

2003 年 10 月 26 日至 27 日,第五次会议,墨西哥莫雷利亚市;

2004 年 11 月 20 日至 21 日,第六次会议,德国柏林;

2005 年 10 月 15 日至 16 日,第七次会议,中国北京;

2006 年 11 月 18 日至 19 日,第八次会议,澳大利亚墨尔本;

2007 年 11 月 17 日至 18 日,第九次会议,南非开普敦;

2008 年 11 月 8 日至 9 日,第十次会议,美国华盛顿;

2009 年 4 月 1 日至 2 日,第十一次会议,英国伦敦;

2009 年 9 月 24 日至 25 日,第十二次会议,美国匹兹堡;

2010 年 6 月 27 日至 28 日,第十三次会议,加拿大多伦多;

2010 年 11 月 11 日至 12 日,第十四次会议,韩国首尔;

2011 年 2 月 18 日至 19 日,第十五次会议,法国巴黎;

2011 年 11 月 3 日至 4 日,第十六次会议,法国戛纳;

2012 年 6 月 17 日至 19 日,第十七次会议,墨西哥洛斯卡沃斯。

二十国集团的相关报道

1. 加拿大:防止债务危机恶化

作为峰会主席国,加拿大主张:各成员国应就未来 5 年将各自预算赤字至少减少 50% 达成一项协议,以防止主权债务危机进一步恶化;会议应发出明确信号,收紧刺激性支出,即当各国刺激计划到期后,将致力于重整财政,防止通货膨胀。

> 【走近二十国集团】
>
> 以"复苏和新开端"为主题的二十国集团领导人第4次峰会于2010年6月26日至27日在加拿大多伦多召开。此次峰会正值世界经济出现好转趋势,但欧元区主权债务危机爆发又给全球经济走势增添诸多变数之际。在此背景下,与会的主要发达国家及发展中国家对这次峰会的立场受到国际舆论的高度关注。

加拿大还认为,应建立有效的金融调节国际机制,进一步提高银行资本充足率,以防止出现新的金融机构倒闭。不应由纳税人承担拯救金融机构的责任;加强世界银行、国际货币基金组织和多边开发银行的作用,支持国际货币基金组织配额改革,反对开征银行税,认为设立紧急资金是更好的选择。

此外,加拿大还表示,各成员国应承诺反对贸易保护主义,促进国际贸易和投资进一步自由化,确保经济复苏;增加对非洲的发展援助。

2. 美国:巩固经济复苏势头

美国是世界头号经济强国,也是本轮金融危机的发源地。根据美国官

方透露的信息，美国政府对此次峰会的主要立场包括：巩固经济复苏势头；整顿财政政策；加强金融监管，确立全球通用的金融监管框架。美国希望与各国探讨国际金融机构的治理改革等问题。

美国财政部官员说，中国日前宣布进一步增强人民币汇率弹性，其时机对二十国集团峰会"极有建设性"。欧洲宣布将公布对银行业进行压力测试的结果，这将有助于恢复市场信心。

【走近二十国集团】

二十国集团的宗旨是为推动已工业化的发达国家和新兴市场国家之间就实质性问题进行开放及有建设性的讨论和研究，以寻求合作并促进国际金融稳定和经济的持续增长。

美方对这两项宣布感到鼓舞。

3.巴西：鼓励经济增长政策

根据从巴西外交部得到的消息，巴西将在二十国集团峰会上提出要求各国继续鼓励经济增长政策、加快金融市场调节机制建设的主张。

巴西认为，当年4月结束的世界银行改革"令人满意"，但在今后几年中还应在各国投票权上实现进一步平等。此外，峰会应从政治层面强调国际货币基金组织改革。

巴西政府主张二十国集团应发挥更大作用，因为当今世界，二十国集团已显示出了高效讨论各种重要议题的论坛作用。同时，二十国集团也需从主要讨论金融危机拓展到其他问题，如发展、能源和石油政策等。

4.俄罗斯：主张二十国集团机制化

俄罗斯曾经在峰会上就二十国集团机制化、推动国际审计体系改革、建立国际环保基金等具体问题提出一系列倡议。

梅德韦杰夫曾经在会见巴西总统卢拉后说，现在需要努力将二十国集团打造成一个常设机构，以便对国际经济关系产生实际影响。

梅德韦杰夫还在接见美国知名风险投资公司负责人时表示,原有的国际审计体系已经被破坏,俄罗斯目前正在制定改革这一体系的相关建议。他说,二十国集团峰会应对关于审计改革的议题进行讨论。

在防范金融风险方面,俄罗斯可能提出两套方案:一是开征银行税并建立专门的援助基金;另一方案是在发生危机时,国家向银行提供资金支持,但危机过去后,银行不仅要返回资金,还要支付罚款。

5.日本:期望发挥积极作用

日本外务省经济局局长铃木庸一则在记者会上表示,在发生国际金融和经济危机、新兴国家崛起等国际秩序发生变化的形势下,二十国集团是发达国家和新兴国家商讨合作解决全球问题的场所,日本可以继续为解决全球问题发挥积极作用。

【走近二十国集团】

铃木庸一说,从支撑世界经济回升、遏制贸易保护主义的观点出发,二十国集团首脑应表明努力实现多哈谈判早日达成协议的决心。

日本期望峰会能深入讨论如何应对全球性问题并达成一些协议,发达国家和新兴国家能够更多地开展合作,共同致力于解决经济、金融等方面的全球性课题。

6.南非:希望从国际贸易中受益

对于二十国集团峰会,南非政府希望在峰会上重申,南非将与其他国家加强贸易进出口联系,以使其在国际贸易交往中受益。对此,南非方面呼吁重建世界贸易经济交往秩序和规则,予以发展中国家新兴经济体以更多的优惠与权利,与其他发展中国家携手重建世界贸易新秩序。

南非经济学家马丁·戴维斯认为,二十国集团峰会本是西方世界的产物,如今以中国、南非、巴西、印度等新兴经济体为代表的发

世界行
CAI FU SHI JIE XING

展中国家需要联合起来，打破国际经济旧秩序，建立更加平衡、公平、长效、利于世界经济全面复兴的新国际经贸秩序。

7. 欧盟：实施退出策略需加强协调

对于欧盟来说，在实施退出策略上加强国际协调和继续推进国际金融监管改革，将是其在峰会上的两大核心主张。

【走近二十国集团】

在推进国际金融监管改革方面，欧盟将力主就征收银行税达成协议。除此之外，欧盟还提出要在峰会上探讨征收全球金融交易税的可能性。

欧盟曾经掀起了一股财政紧缩浪潮，但在如何巩固财政和维护经济复苏之间求得平衡的问题上与美国产生分歧。在退出问题上美欧如何协调将是多伦多峰会的一大看点。

8. 印度：征银行税不适合印度

印度政府官员表示，在峰会上，新兴经济国家与发达国家在如何促进世界经济复苏的问题上将产生不同意见。

各国应对金融危机的情况不同，经济增长形势不同，西方国家必

须认识到这一点。

印度官员指出,欧盟目前被一些成员国的财政赤字和债务危机所困,法德两国都希望收缩开支。但德国如果采取财政紧缩政策,它可能会陷入双重经济衰退,而且整个欧盟的经济也将随之收缩,这不利于世界经济复苏。

印度官员同时表示,美国政府最近提出要征收银行税和加强对银行的政策限制,西方很可能要求印度等国也采取类似措施,但这并不适合印度,因为印度的金融体系相当健康。

9.中国:谨慎决策防范风险

中国外交部副部长崔天凯曾经在媒体吹风会上说,多伦多峰会是二十国集团峰会机制化后的首次峰会,具有承前启后的重要意义。中方希望有关各方维护二十国集团信誉与效力,巩固该集团国际经济合作主要论坛的地位。

中方在此次峰会上强调,为推动全球经济稳定复苏,各国应保持宏观经济政策的连续性和稳定性;根据各自国情谨慎确定退出战略的时机和方式;在致力于经济增长的同时防范和应对通胀和财政风险;反对贸易和投资保护主义,促进国际贸易和投资健康发展。

中方还指出,为实现全球经济强劲、可持续增长,发达国家应采取有效措施解决自身存在的问题,以减少国际金融市场波动;发展中国家应通过改革和结构调整,以促进经济增长。

集团宗旨

二十国集团属于非正式论坛,旨在促进工业化国家和新兴市场国家

【走近二十国集团】

二十国集团还为处于不同发展阶段的主要国家提供了一个共商当前国际经济问题的平台。同时,二十国集团还致力于建立全球公认的标准,例如在透明的财政政策、反洗钱和反恐怖融资等领域率先建立统一标准。

就国际经济、货币政策和金融体系的重要问题开展富有建设性和开放性的对话，并通过对话，为有关实质问题的讨论和协商奠定广泛基础，以寻求合作并推动国际金融体制的改革，加强国际金融体系架构，促进经济的稳定和持续增长。

2011巴黎G20财长会议

全球瞩目的二十国集团财政部长和央行行长会议于当地时间2011年10月15日在法国巴黎闭幕，此次会议是在全球经济尤其是欧债危机深度演化的背景下召开的，吸引了各方关注。

会上，各成员国财政领袖支持欧洲方面所列出的对抗债务危机的新计划，并呼吁欧洲领导人在23日举行的欧盟峰会上对危机采取坚决行动。

此外，与会各方还通过了一项旨在减少系统性金融机构风险的大银行风险控制全面框架。

在本次财长会上，全球主要经济体对欧洲施压，要求该地区领导人在当月23日的欧盟峰会上"拿出一项全面计划，果断应对当前的挑战"。

呼吁欧元区"尽可能扩大欧洲金融稳定基金(EFSF)的影响，以便解决危机蔓延的问题"。

有海外媒体报道称，欧洲官员正在考虑的危机应对方案包括：将希腊债券减值多达50%，对银行业提供支持并继续让欧洲央行购买债券等。

决策者还保留了国际货币基金组织(IMF)提供更多援助，配合欧洲行动的可能性，但是对于是否需要向IMF提供更多资金则意见不一。

当天的会议还通过了一项旨在减少系统性金融机构风险的新规，包括加强监管、建立跨境合作机制、明确破产救助规程以及大银行需额外增加资本金等。

根据这项新规，具有系统性影响的银行将被要求额外增加1%至2.5%的资本金。

二十国集团成员同意采取协调一致措施，以应对短期经济复苏脆弱问题，并巩固经济强劲、可持续、平衡增长基础。所有成员都应进一步推进结构改革，提高潜在增长率并扩大就业。

金融峰会

二十国集团金融峰会于2008年11月15日召开，作为参与国家最多、在全球经济金融中作用最大的高峰对话之一，G20峰会对应对全球金融危机、重建国际金融新秩序作用重大，也因此成为世界的焦点。

金融峰会将达成怎么样的结果？对今后一段时间的全球经济有何推动？对各大经济体遭受的金融风险有怎样的监管和控制？种种问题，都有待回答。

第一，拯救美国经济，防止美国滥发美元

目前美国实体经济已经开始衰退，为了刺激总需求，美联储已经将基准利率降到了1%，并且不断注资拯救陷入困境的金融机构和大型企业，这些政策都将增加美元发行，从而使美元不断贬值。

美元是世界货币，世界上许多国家都持有巨额的美元资产，美国

【走近二十国集团】

如何拯救美国经济，防止美国滥发美元；要不要改革IMF，确定国际最后贷款人；必须统一监管标准，规范国际金融机构活动。这里对峰会做出的三大猜想，一定也有助于读者更好地观察二十国集团金融峰会的进一步发展。

滥发货币的行为将会给持有美元资产的国家造成严重损失。因此，金融峰会最迫在眉睫的任务应是防止美国滥发货币，而为了达到这个目的，各国要齐心协力拯救美国经济，这集中体现在购买美国国债上。

截至2008年9月30日，美国联邦政府财政赤字已达到4548亿美元，达到了历史最高点，因此，美国财政若要发力，需要世界各国购买美国国债，为美国政府支出融资。因此，G20的其他成员要步调一致，严禁大量抛售美国国债，只有这样，才能稳住美国经济，自己手中的美元资产才能保值增值。

第二，改革IMF，确定国际最后贷款人

查尔斯·金德尔伯格在其脍炙人口的《疯狂、惊恐和崩溃：金融危机史》里指出，最后贷款人对解决和预防金融危机扩散至关重要。如果危机发生在一国之内，该国的中央银行可以充当这一角色，但是如果其演变为区域性或全球性金融危机，就需要国际最后贷款人来承担这一角色了。

1944年成立的国际货币基金组织（IMF）就是为了稳定国际金融秩序而建立的一个国际最后贷款人。但是，IMF本身实力有限，只能帮助应对规模较小的金融危机，而且一直受美国利益的支配，在援助受灾国的时候，往往附加苛刻的政治条件，限制了受灾国自主调控经济的自主性，往往在解决金融危机的同时导致严重的经济衰退。

【走近二十国集团】

在国际范围内，既不存在世界政府，也没有任何世界性的银行可以发挥这种功能，但是如果G20能够达成一种世界性的协议，共同应对更大规模的危机（例如由美国次贷风暴所引发的金融危机），将成为一种次优选择。

在这次峰会中，G20其他成员，尤其是新兴经济体将更多地参与到IMF改革中来，包括要求更多的份额、在决策中拥有更多的发言权等。但是IMF的问题还不止于此。IMF成立之初主要为了应对贸易赤字所带来的国际收支失衡，但是今天的问题是资本流动成了影响一国国际收支的主要因素，在巨量的资本流动面前，IMF 发挥的"救火"功能十分有限。在这种情况下，应确定规模更大的、协调功能更好的、能应对巨额资本流动冲击的国际最后贷款人。

第三，统一监管标准，规范国际金融机构活动

这次危机的根源之一是美国金融监管过度放松。作为金融全球化的主要推动者，美国对其金融机构和金融市场创新的监管越来越宽松，在这种宽松的环境下，其投资银行、商业银行和对冲基金等金融机构高杠杆运营，在全球其他国家攻城略地，屡屡得手。例如，1992 年的英镑和里拉危机，1997 年的亚洲金融危机，在很大程度上都是对冲基金兴风作浪的结果。由于这些机构在全球运行，可以通过内部交易或者跨国资本交易来逃避世界各国的金融监管，因此，统一监管标准，规范国际金融活动，就成了除美国之外，G20 其他成员的共同心声。美国也想加强金融监管，但是它更清楚要掌握监管

规则制定的主动权。如果放弃主动权，美国在国际金融体系中的霸权地位将会被极大撼动，这是美国金融资本所不愿看到的，而这也恰恰是 G20 其他成员的金融资本所诉求的。欧盟成员国在这个问题上早早表明了立场，预计在金融峰会上，美国或者置之不理，或者与 G20 中的欧盟成员国展开一番唇枪舌剑。经济和政治犹如一对孪生兄弟，如影随形。这次金融峰会不光要应对全球经济危机，更关系到美国相对衰落之后的全球利益调整。这个讨价还价的过程不是一次金融峰会就可以解决的，未来更多的峰会将接踵而来。目前，中国是世界上仅次于美国的第二大经济体，拥有全球最多的外汇储备，其他各国都盯住了中国的"钱袋子"，更加关注中国的动向。中国应抓住这次世界经济和政治格局调整的机会，主动发挥大国的作用，参与国际规则的制定，为中国的崛起、为全球金融和经济的长治久安做出自己的贡献。

【走近二十国集团】

二十国集团成员涵盖面广、代表性强，该集团的GDP占全球经济的90%，贸易额占全球的80%，因此已取代G8成为全球经济合作的主要论坛。

第一章　用超常眼光看
经济和财富

　　印度独立后经济有较大发展。农业由严重缺粮到基本自给，工业形成较为完整的体系，自给能力较强。20 世纪 90 年代以来，服务业发展迅速，占 GDP 比重逐年上升。目前，印度已成为全球软件、金融等服务业重要出口国。

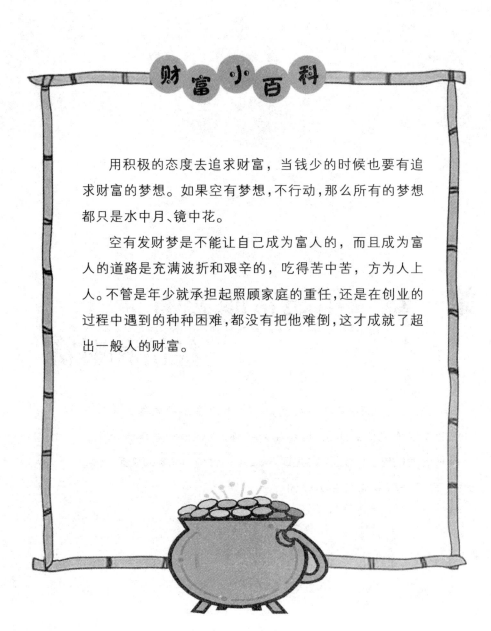

财富小百科

　　用积极的态度去追求财富，当钱少的时候也要有追求财富的梦想。如果空有梦想，不行动，那么所有的梦想都只是水中月、镜中花。

　　空有发财梦是不能让自己成为富人的，而且成为富人的道路是充满波折和艰辛的，吃得苦中苦，方为人上人。不管是年少就承担起照顾家庭的重任，还是在创业的过程中遇到的种种困难，都没有把他难倒，这才成就了超出一般人的财富。

第一节　印度与世界

从历史角度看,过去数十年间发展中国家的生活条件有了很大的改善。举例来说,据估计在1960~1992年间发展中国家人民出生时的预期寿命从46岁上升到63岁,婴儿死亡率下降了50%以上,人均实际收入几乎增加了两倍。这些全球性趋势不同于同期对饥荒和动荡的经常性悲观预期,即使世界上大部分地区的绝对贫困水平仍然过高。

当然,各个国家和地区间的发展速度相当不平衡,最近几十年在发展中国家间也出现了显著的差异。实际上,比起更穷的发展中国家和地区,发展中国家和地区中的领先者现在在许多方面与工业化市场经济国家更相近。现在不仅是香港地区的人

【走近印度】

　　印度是南亚最大的国家,面积约298万平方千米,国土位于北纬8°~33°之间,三面临海,2/3在印度半岛上。

均实际收入与法国或瑞典的相等,沙特阿拉伯和爱尔兰也是类似情况。甚至像委内瑞拉和韩国这样的国家,人均实际收入水平似乎与希腊或葡萄牙的更相近,坦桑尼亚或不丹的人均实际收入水平大约比他们低了15倍。同样地,牙买加的成人识字率(98%)略高于西班牙(95%),乌拉圭和意大利(都是96%)也相类似,而在布基纳法索只有18%,尼泊尔是26%。哥斯达黎加或古巴的居民预期寿命(分别是76岁)与德国或比利时(也都是76岁)相同,而阿富汗或塞拉里昂或乌干达的人们只能活40多岁。把世界分为"北半球"和"南半球"的常规方法可能与政治利益和历史有关,在许多重要的发展属性上这种方法很容易令人误解。

　　这幅多变画面的一个重要方面是,基本性贫困现在集中在世界上两个特别的地方:南亚和撒哈拉以南非洲。例如,考虑那些出生时的人均预期寿命低于60岁的国家,根据最新的判断这样的国家有52个,总人口约16.85亿。其中只有6个(阿富汗、柬埔寨、海地、老挝、巴布亚新几内亚、也门)不在南亚和撒哈拉以南非洲,总人数只有5 900万,占同类总数的3.5%。其余的46个国家包括除斯里兰卡外的整个南部亚洲(即:印度、巴基斯坦、孟加拉、尼泊尔、不丹,总人口11.39亿)和除南非、津巴布韦、莱索托、博茨瓦纳和一些小岛国(如毛里求斯和塞舌尔群岛等)外的整个撒哈拉以南非洲。当然,即使在那些平均预期寿命高于60岁的国家里,有些地方的数字仍然会低于60岁(就像低于60岁的国家中的上层阶级的预期寿命可能高于60岁)。但是显然其他地方的国内基本性贫困很少像南亚和撒哈拉以南非洲国家这样严重。

单只印度就占了这52个贫困国家人口数的一半以上。无论如何它不是最差的（实际上印度居民的预期寿命已很接近60岁了），但这一观点的前提是印度国内的生活条件在不同地区差异很大。尽管印度在许多发展指标上显示比埃塞俄比亚和扎伊尔好得多，但它境内很多地方的生活条件与那些国家的一般生活水平没什么大的不同。

【走近印度】

印度地势低平，土壤肥沃，有利于开发利用除北部少数山区外，印度在地形上基本可分为两大部分，即北方大平原和半岛高原。北方大平原绵延3000千米，横亘于整个印度北部。其西段是印度河冲积平原，面积35万平方千米；中段和东部是恒河冲积平原，面积40万平方千米，两河之间的分水岭最低处海拔高程仅278米，而冲积层普遍厚达1300米以上。

考虑印度和整个撒哈拉以南非洲的数据，我们发现两个地方在成人识字或婴儿死亡率上差别不大。但这并不是说二者的发展成果整体相似，如前所述，印度现在的人均预期寿命约为60岁，而撒哈拉以南非洲国家仍远远低于这个数字（平均约为52岁）。而且，自独立以来印度相对而言没有发生过饥荒和国内武装冲突，而这却是非洲许多国家的周期性灾难，很多撒哈拉以南非洲国家存在经济衰退问题——部分是由于这些灾难的缘故——使得生活水平难以提高。另一方面，至少在某些方面，经济和社会的不平等在印度更为严重。这种不平等本身就是一种社会失败，此外，它们还暗示了弱势群体的福利比国家或地区总体水平低得多。例如，印度的性别不平等比撒哈拉以南非洲国

家更突出,这造成了印度妇女的极度贫困。在比较评价这两个地方的成就和失败时必须注意它们各自发展经验中的各个方面。

但有意思的是,印度和撒哈拉以南非洲有一个共同的持续性地方文盲问题(像预期寿命一样,这个特点把他们与世界上其他绝大多数地方区别开来)。这两个地方的识字率非常相似,印度和撒哈拉以南非洲国家一样,每两个人中就有一个是文盲。

相当令人惊讶的是印度在这个方面做得不比撒哈拉以南非洲国家好。相对而言,不像撒哈拉以南非洲的许多国家,印度在长达50年的时间里避免了政局不稳、军人统治、分裂战争和饥荒再次发生造成的灾难,但是它没能利用这些有利环境在基础教育方面取得突破。这一失败与相对较好的高等教育和科学研究记录形成鲜明对比,是当代印度发展中最令人遗憾的经验。

第二节　其他国家和地区的经验

印度的政策争论中经常引用其他发展中国家和地区成功的经济发展案例。总的来说,这么做是恰当的:许多国家和地区取得的成就比印度大得多,向这些成功的国家学习是很自然的事。经常被用来做比较的国家和地区（像所谓的"四小虎"、泰国和改革后的中国等）,印度的确有望向它们学到很多东西，因为它们做得非常好。宣称"印度是独特的"这个观点本身是正确的,但以此为由拒绝向其他国家学习就完全误入歧途了。

【走近印度】

印度平原上地势坦荡,河网纵横,人口非常稠密,自古以来一直是国家的主要经济区。自大平原向南即进入印度半岛,总面积约200万平方千米，其中4/5是以德干熔岩高原为主体的高原山地,但海拔高程一般都只有300～900米,其余1/5属沿海冲积平原。它们的分布大致是东宽西窄。

不过在学习他人经验时，人们必须注意避免过分简单地看待"其他国家"的做法,或者用过分狭隘的观点识别这些"其他国家"。首先,人们经常这样认为——这些国家和地区,比如说,所谓的"四小虎"（韩国、中国香港、新加坡、中国台湾）的所有成功经验告诉我们的就是"开放"市场的重要性,这是个极大的错误。除了放开市场外,这些国家和地区还做了很多事,例如推广教育、合理的医疗保健、广泛的土地改革、政府坚决带头促进经济增长等等。这些国家和

【走近印度】

印度的平原占总面积43%，山地占25%，其余属高原，但这些山地和高原大部分海拔均不越过1000米，实际上是台地或丘陵。由此可见，低矮平缓的地形在全国占有绝对优势，不仅方便交通，而且在良好的气候条件配合下，绝大部分土地均可供农业利用。其垦殖指数之高在世界范围内亦属少见。

地区——以及改革后的中国——在许多"社会"方面远胜印度，它们更容易利用经济扩张带来的机遇。实际上，甚至在开始以市场为基础的跃进时，它们已处于"更有准备"的位置。以想象的从其他的"分支"特征中分离出"本质"特征为根据而忽视这些差异，不仅会得到错误的经验，还会背离人们的学习本意。在下一节我们将分析这些问题。

第二，要向其学习的"其他国家和地区"不仅指那些经历了高经济增长的（例如"四小虎"、泰国、改革后的中国），而且包括那些通过全民医疗保健和基础教育提供公共支持等其他方式（即使经济没有高速增长）设法提高人民生活质量的国家和地区。要记住的是，尽管经济高增长，泰国甚至韩国出生时的人均预期寿命相对低于斯里兰卡和牙买加；即使新加坡的人均预期寿命也未超过哥斯达黎加，尽管二者经济反过来的差别很大。改革前后中国在生活质量方面的许多变革取得引人注目的成功，而当时它的经济增长相对缓慢，也与此有关。尽管经济增长速度低但生活条件迅速改善，这样的经验同样十分重要——在经济发展初期获得根本性的社会进步的可行性，在健康和教育领域精心设计的公共计划的强大效用，在低工资劳动力密集型的经济体系中提供相对更便宜的基础教育等公共设施，合作和对抗的公共行为作用等等无疑是社会发展后积薄发的动力。吸取这些经验，与向获得高经济增长和成功运用高增长改善生活质量的国家学习，一样重要。

第三，必须记住不是所有经济高增长的国家和地区，都成功地将对物质资料的扩大的需求转化成了广大人民生活水平相应的提高。事实上，有些高发展国家和地区过去数十年的发展经验，类似某种"无目标的富裕"，经济的高增长伴随持续的普遍贫困、文盲、不健康、童工、暴力犯罪和相关的社会问题。巴西是一个常见的例子。许多情况下（包括巴西本身），无法利用经济增长为基础来改变生活质量的根源，在于这些国家和地区缺乏大众参与保护基本权利，还因为经济和社会的高度不平等。无目标的富裕的危险，是通过鉴别分析高增长国家和地区经验应当吸取的教训，这一点在印度史其现实意义。

第四，正如前面提过的，考虑到印度的地区差异性，必须把吸取印度自身的教训和向其他国家学习结合起来。例如，我们不能完全否认，尽管收入水平低，在创造经济增长方面记录不佳，但克拉拉邦的出生时人均预期寿命（约为72岁）还是要比它东面的某些经济更成功的国家高，像印度尼西亚（60岁）、泰国（69岁）、甚至韩国（71岁）等，虽然这些国家的人均收入比克拉拉邦高出许多倍。我们必须吸取印度本身的经验，无论是成功的还是失败的经验。这些失败不仅包括许多邦持续的社会落后（例如北方邦），还有克拉拉邦没能获得合理的经济增长，尽管在生活品质的很多

【走近印度】

印度的土壤条件也比较好，最适宜农业生产的两种土壤是冲积土和热带黑土。前者广泛分布于北方大平原和沿海各冲积平原。总面积达77万平方千米。后者以玄武岩为母质，富含矿物质，集中分布于德于高原，面积达52万平方千米；因适宜植棉，故有"棉花黑土"之称。印度其他重要土壤还有红壤、森林土、荒漠土等。由于季风气候下降水集中且强度大，高原山区土壤侵蚀比较严重。

方面它做得极好。

在更早的一项研究中我们发现，在1960年到1985年间婴幼儿死亡率下降最快的十个国家里，有五个是我们称为"增长促成型"的成功，而另五个国家婴幼儿死亡率的下降是建立在对健康、教育和社会保障有组织的公共支持方案上的，它们本身经济增长并不快，人均实际收入也没有很大增长。后一种方式——我们称为"支持引导型"的成功——被证明是更可行的，因为基本医疗保健和教育的成本在低工资的经济体中相对较低（因为生产的性质是劳动密集型的），这样较穷的经济体在提供此类服务时，不像原来所想的只考虑他们的低支付能力时那么处于劣势。印度在从世界上其他地方最近的发展经验中吸取教训时，很重要的一点是要注意他们的分别基于经济发展和公共支持的两种进步。此外，也要重视出现"无目标的富裕"的可能性，注意印度的发展可能不像韩国，而是步巴西后尘。我们必须区别对待自由化，而不是设想出某些"程式模型"。

第三节　东亚与由于增长而实现的进步

　　在学习其他国家和地区的经验时,把我们的因果"理论"与对案例真相的了解结合起来也是至关重要的。市场和贸易对经济扩张的重要性,长期以来就是主流经济学理论的一部分内容。甚至在亚当·斯密(1776)对国民财富"原因"的经典分析中就已明确提到这个问题。近来贸易增长理论的复兴凸显亚当·斯密本人亦特别强调的两个重要问题,也就是,(1)规模经济的重要性,(2)技术构成和人力对财富创造的影响。重点的改变在解释"东亚奇迹"以及它与印度和其他国家的关系时非常重要,不再强调主要根据已知的比较优势（传统的"李嘉图学派"强调的重点)获取交易利润。

　　越来越多的人认识到规模经济的作用和重要性,这也极大改变了自20世纪60年代以来一度流行——在印度和其他国家——的封闭式计划

【走近印度】

印度热量丰富，降水虽多但不够稳定，印度属典型的热带季风气候。因北有高山屏障，气温较同纬度地区偏高，年平均温度一般在24～27℃之间，3/4的地区极端最低气温从不低于0℃，热量十分充足。

经济的思想基础之一。采取经济独裁是基于对出口的消极主义，它使印度和其他国家的经济计划者们寻求更内向的经济发展模式，以在国内生产所有需要的产品为目标。将"比较优势"作为有利可图的贸易（取决于不同的要素比例，天然条件等）的真实来源，这种集中且普遍的观点无法说服那些分析家们，他们倾向于怀疑贸易扩展的可能性和低估从贸易中获得的实际收益。闭关自守通常并不是一种高呼拒绝贸易的政策，而是悲观地认为贸易机会十分有限的结果。

随着贸易理论的重点从李嘉图的比较优势论转变为亚当·斯密的规模经济论，贸易扩张的局限被重新大量阐述，出口消极主义的理由遭到猛烈批判。贸易限制条件不再被看作受要素比率和先天条件的不同所抑制，国家由于闭关自守而丧失的，还包括运用规模优势和来自专业化的成果进行劳动分工形成的效率优势。印度经济规划中需要彻底改变这种情况，这既是基于现代发展理论的原因，也是由于一些经济体的实践经验——比如那些东亚经济体——成功运用了经济发展中的贸易模式。

对经济发展的最新研究，还尖锐地提出了劳动以及所谓的"人力资本"的作用。学校教育、边干边学、技术进步，甚至还有规模经济等因素的经济作用——在不同方式上——都可视为人的力量才是经济发展之源这一核心思想的贡献。根据经济学理论，强调重点的转变提供了填补巨大"空白"的方法，这一空白在索洛（Solow，1956）的新古典经济增长模型中提到过，近来很多增长理论亦大量论述经济增长中直接的人力资本功能,它超越了通过物质资本的积聚创造出的贡献。我们在学习"东亚奇迹"和其他由于增长而实现的进步的经验时,不能忽视这些分析提供的大量深刻见解。

人力资本的重要作用使人们更需要注意明智的公共行动和经济进步间的密切关系,因为公共政策对教育的推广和技能结构的改进有很大影响。在这些成功地由于增长而实现进步的国家里,普遍的基础教育的作用怎么强调也不为过。在这些国家表现出色的现代工业中需要很多基本技能,培养这些技能必须实行初级教育,而中级教育更好。有些研究强调边干边学和在职培训对生产率的作用,而不是强调正式教育的直接影响,就业前在学校所受的基础教育显然对接受这类培训和学习的能力大有帮助。

所有这些由于增长而实现进步的成功国家和地区,他们在经济取得重大发展时的基础教育发展已比现在的印度先进得多。需要注意的重点,不在于印度的识字水平比这些国家和地区现在的水平低得多,或者当时印度的基础教育比这些国家和地区经济飞跃时低得多,而是印度目前的教育水平比这些国家和地区经济开始迅速扩展的时候落后得多。真正有启发意义的是,把现在的印度与1960年的韩国或1980年的中国作比较,任凭时间的推移,印度目前的识字水平比这些国家和地区多年前开始市场经济变革时达到的水平还要低许多。

在亚洲的高绩效经济体的教育扩展中,政府在教育的推广上

【走近印度】

印度的降水总的说来也很丰沛,全国平均年降水量高达1 170毫米,其中大于1 250毫米的多雨区和750～1 250毫米的湿润区各占总面积1／2,375～750毫米的半湿润半干燥区占1／4,小于375毫米的干燥区仅占8%。这种较为湿润的气候同前述地形和热量条件结合起来,使印度绝大部分土地不仅可供农业利用,而且具有较高的生产潜力。然而,季风气候条件下的降水是不稳定的。

都起着主要作用。公共政策的一个基本目标,就是保证大部分年轻人具有与现代工业化生产相适当的必要的读、写、交流和反应的能力。相反地,印度对扩大基础和中级教育表现出异常冷漠,无疑,"非常少"的政府行为——导致印度这方面规划的根本性失败。

当然,有相当多的印度人受过高等教育,他们肯定有机会运用知识发展技术密集型产业,这种情况在某种程度上已开始出现(例如,在班加罗尔及其周边地区发展起来的计算机软件业及相关行业)。这些成就很重要,对印度的经济无疑也是佳音。但是印度国内教育体制的极度不平衡表明发展中存在实际障碍,这些障碍阻止大众共享一般的经济进步成果,特别是工业化成果,像韩国和中国那样——它们成功地向世界市场提供了大量的商品,这些商品的生产不需要大学教育,只要人们接受普遍的基础教育就能够遵照明确的指导原则和保持质量的标准。相反地,即使印度能够占领全球计算机软件市场的大部分份额,跟那些贫穷的、未受教育的大众仍未有多大关系。制造简单的刀具和闹钟远不如设计艺术级的计算机程序有魅力,然而前者为中国的穷人提供了收入来源,这是后者无法为印度人民提供的——至少不能直接

办到。在生产这些具有巨大世界市场的"乏味"商品过程中,中国高水平的基础教育起了重要的作用,一如东亚和东南亚其他许多高成长的经济体那样。

尽管某些特定高技术产业领域"局域繁荣",印度的

整体经济和工业部门的增长率仍相当低。实际上,自从1990～1991年以来,整体的工业生产发展相当低(Government of India, 1995)。这并不否定即使当前有大量的文盲,印度仍有可能获得更高的GNP或GDP增长率。但是基础教育的覆盖率低、质量差使得印度很难从有限的活跃行业(它们的扩展被国外一些专业金融杂志所颂扬)发展成那种在远东地区已发生的、彻底的、共同分享的真正先进经济。当今印度在经济扩展的能力和性质以及增长能被广泛共享的程度等方面都有问题。由于本文已提过的原因,以市场为基础的经济发展提供的社会机会十分有限,社会中许多人(国家的大部分地区的多数人)不能读、写或计数,看不懂印制或手写的说明,在现代工业社会无法安居乐业等等。由此基础教育的不平等,转化为更深层的利用新经济机会的不平等以至无效率。在这里,教育的落后与分配上的失灵,限制了现代技术化生产的整体扩展规模。

教育和不平等的关系同样适用于性别的不平等中。抬头看,亚洲的高绩效经济体能比其他国家和地区更快地缩减基础教育中的性别差距,这对减少妇女在经济参与等社会机会中的相对不利地位无疑起了重要作用。东亚经济的成功显然利用了妇女在就业和其他方面的选择机会的扩大。印度与之形成了鲜明的对照。在这方面,实际上,南亚——包括印度——落后于其他所有主要发展中地区(有东亚,还有拉丁美洲和非洲)。

【走近印度】

印度全年的降水量约有80%集中在6～9月的雨季中,其他季节降水甚少。而且在不同年份之间,季风雨不仅来得有早有迟(波动幅度约为5个星期),降水量差异也很悬殊;一般说降水越少的地方其变率也越大;西北部在30%～60%以上,德干高原为25%～35%,只有东北部和西南沿海才小于20%。这种不稳定性使全国广大地区常常受到洪涝,特别是干旱的威胁,其中严重干旱平均每5年发生一次。

教育领域的差异可能是印度和东亚高经济增长国家和地区的最明显差别,其他社会领域中的支持性公共政策也帮助了这些成功的亚洲经济体,这是印度所没有的。甚至在经济高速增长前,这些国家和地区的健康状况通常都好于印度。东亚国家和地区更好的医疗设施供应——尤其是在预防性医疗保健方面——是这种差异的重要原因。农村医疗保健的推广,是改革的中国取得的最显著的成果之一,这已被证明是经济改革中的一项宝贵资产。医疗保健不仅是生活质量,而且是经济绩效的重要问题,因为发病和营养不良可能严重阻碍生产力和经济发展。

土地改革是许多由于增长而实现了进步的国家和地区比印度做得更好的另一个领域。许多东亚国家和地区都进行了广泛的土地改革,包括日本、韩国、中国台湾,当然还有中国大陆。从平等的角度看,废除地主土地所有制的优点是显而易见的,而且还有利于刺激生产的扩大,使农业生产者更好地回应更自由的市场提供的机会。很有意义的是,东亚经济体中经济增长最慢的国家之一菲律宾,也未能充分开展土地改革。印度的记录比菲律宾的整体情况更糟糕;西孟加拉和克拉拉邦土地改革获得了一些成功,但是绝大多数邦的总体成果相当令人丧气。

东亚地区成功实现增长进步的经验,包括在基础教育、整体——特别是预防性的——医疗保健以及土地改革等不同领域的重要政府行为。在理解和解释东亚"经济奇迹"时不仅要看到这些政府

【走近印度】

在气候条件制约下,印度的河流都具有水量丰沛但季节变化很大的特点,如恒河水量之大在亚洲仅次于长江,但最大流量与最小流量相差50多倍,印度河相差更达百倍,每到旱季供水十分紧张。印度年均径流总量达1.8万亿立方米,每公顷土地可摊到6 000立方米,数量是很充足的,关键在于开发、控制和调节。自独立以来,印度水利事业有很大发展,灌溉面积翻了一番,已高居世界第二位,但分布很不平衡,可供利用的灌溉潜力只开发了40%。

行为的作用,还要看到政府在直接促进产业扩张和出口以及引导工业化的模式方面所起的作用。一些所谓的"修正主义者"研究东亚奇迹时尖刻地提出直接干预的作用,认为这些成就完全与提高生产力的公共干预有关。虽然其他的研究着重点有所不同,但有很多的证据表明,东亚的成功事迹中政府在直接促进工业化上作用重大,尤其是政府通过有计划的干预(例如,通过不同的金融条款)以发展特定的行业,给予选定的国际贸易发展方向优先权(特别是有选择的出口推动)。政府丰动为教育的推广、整体医疗保健、土地改革等做贡献,可以看成政府行动主义的重要范例。简单地把东亚的成功事迹看成自由化和"开放"市场的结果,将是相当可笑的。

第四节　人力资本和更基本的价值

　　在本书中我们不时涉及"人力资本"一词，实际上这个术语总的来说有些使人误解，特别是在我们想强调的某个问题上。其实这关系到人类生活质量的内在重要性——不是仅仅把它看成促进经济增长和获取成功的工具。在所谓的"人力资本"（如，教育、技术、健康等）和有形资本间确实存在着不对称，前者的内容有不依附于设备的自身价值（除了生产中的工具性价值外）。也就是说，如果某件设备对提高生产毫无用处，却仍重视它的存在是相当怪异的事，然

而，即使对提高商品的生产毫无帮助，人们仍重视受教育或身体健康。人力资本构成人类生活的一部分，能够因为自身的原因而被重视——超过它们作为生产要素的工具性价值之外的原因。诚然，成为"人力资本的组成成分"不是个人渴望的最大成就。

　　分辨人类能力的内在价值和工具性价值间的区别，对认清目标和手段有一定的意义，这是合理配

置资源的核心问题,然而对这种二分法我们不用考虑太多。重要的是要记住:(1)健康、教育和其他高品质生活条件有其自身价值(不仅是作为与商品生产相称的"人力资本");(2)在许多情况下,它们也非常有助于促进商品生产;(3)它们还有其他的重要个人和社会作用。如果承认有其他——更直接的——对人类健康、知识和技能的回报,使用"人力资本"一词就没有什么特别的困难了。

尽管人类的能力有内在的和工具性的价值,但人均国民生产总值(GNP)的增长必须被看成仅具有工具性价值。经济的成功增长最终必须由它给我们的生活带来什么决定——我们能享受的基本生活条件和能拥有的自由。总之,经济成功不能与促进人类能力和增加福利和自由的"目标"割裂开来。经济学传统上以人均GNP的增长或人均GNP的修正值来判断成功与否。只要记得实际收入和商品的单纯工具性作用——不混淆内在的重要性和工具性的效能,这种方法就没什么坏处。在此环境下,可以看到人均实际收入的变动有力地解释预期寿命、儿童死亡率、识字率和有关的福利指标中的变动。例如,阿南德(Anand)和拉瓦利恩(Ravallion)发现,期望寿命与假定最高寿命值80岁的差额比例相对人均GNP的对数回归,人均预期寿命接近一半的变动归因于人均GNP的变动。

毫无疑问,更高的实际收入能实现人们过上美好生活的可能,而这在较低收入水平时无法获得。另一方面有趣的是,更高的人均GNP对人均预期寿命的主要作用似乎是通过公共政策的积极

【走近印度】

印度部分矿产储量很大,但品种不全,印度大部分地区地层古老,地质复杂,矿产种类繁多。近年进行工业开采的就有64种(独立之初仅24种),最重要的有煤、铁、锰、云母、铝土和稀土矿,其中云母储量居世界首位,其他几种也居世界前列,除自给外有的还可大量出口。但印度矿产资源中的品种不全,目前基本上全赖进口的重要矿产品有锡、锑、镍、钼、钴、钒、铂等,大部分依赖进口的有石油、铜、铅、锌、钨、石棉、磷酸盐等;总的说来,石油和有色金属是主要的薄弱环节。

参与实现的。阿南德和拉瓦利恩(1993)也指出,当他们把平均寿命与人均公共医疗花费、贫困线下的人们(根据人均花费划分)占总人数的比例、人均GNP相联系,值得注意的人均GNP和平均寿命间的绝对关联性完全消失了。这不是说GNP对提高寿命没有作用,当然,我们会发现能提高寿命的人均GNP大多是通过更高的公共花费(特别是在医疗保健上)和减少贫困人口比例实现的。阿南德—拉瓦利恩的发现不否认"由于增长而实现的"进步的有效性,只是认为要从它与公共设施和消除贫困的关系来评价增长的作用。

这说明了经济发展、明智的政府行为以及为社会中的个人增加社会和经济机会这三者之间的重要相互关系。这种相互关系在印度经济转型中尤其重要。

第五节　国内发展的多样性

有关印度经济发展的比较经验不仅来自国外,也来自国内。事实上,印度的特征是地区间的经验和成就极为不同,即使根据标准经济指标,这种差异也相当引人注目。有些邦,像旁遮普邦和哈里亚纳邦,有更好的增长绩效基础而比其他邦富裕得多。与1991～1993年印度人均GNP5 583卢比相比,旁遮普邦是9 643卢比,哈里亚纳邦是8 690卢比(1994)。相应地,贫困线下农村人口只占旁遮普邦总人口数的21%,在哈里亚纳邦是23%,大约是全印度同类人口比例的一半(45%),是比哈尔邦和奥里萨邦的1/3(二者均为66%)。

社会发展领域的对比就更加明显了。例如,印度各邦的识字率存在惊人的差异,拉贾斯坦邦的妇女识字率为20%,而克拉拉邦是86%。这些地区间的差别只是印度特有的国内识字差异的一个方面。更详细地分析识字情况会发现其他方面的不平衡,例如有些地区不平衡与性别和种姓有关。比如在克拉拉邦94%的男性识字,在比哈尔或拉贾斯坦邦

> **【走近印度】**
>
> 印度的矿产资源集中于两大区域:一是以焦达讷格布尔高原为中心的半岛东北部,为国内煤、铁、锰、云母、铝土的主要分布区,就资源及其相互配合而言,发展重工业的条件十分优越。二是以克里希纳河上游地区为中心的半岛南部,铁、锰、金等比较丰富,沿海的金红石—钛铁矿和锆石的砂矿也很重要。印度其他地区矿产都不多,突出的唯有孟买外侧的海底石油。

的贱民中妇女识字率小于10%。

从健康、营养、发病率、性别不平等等其他生活条件指标中，也能看出印度各地区间鲜明的差异。在分散的层面上，这些指标比识字率更不容易观察得到（后者有很好的"分散性"，总识字率可以简化成特定群体识字率的加权平均数）。不过可以运用各邦的相关指标对不同地区的生活条件进行一些初步的比较。

各邦的指标仍具有很高的综合性。邦内各发展指标的差别（如北方邦1991年人口数为1.39亿）有其自身的意义，不可能在泛泛的邦与邦的比较中被完全收录。此外，还必须记住各邦规模不一（即使像我们在本章中所做的，把对象限定在1991年人口不少于500万的各邦），由此全国的指标"权重"非常不同。尽管如此，作为重要的政治和行政单位，邦的指标是有意义的。许多有关的行动领域（包括健康和教育）在本质上被定义为"邦的目标"，在各邦层面上而不是在中央政府执行，或作为邦和中央政府的"共同目标"由邦和中央政府执行。这是研究各邦指标的强大动机。

不同的邦，女性出生时的人均预期寿命从54岁到74岁不等；10～14岁农村女性识字率从22%到98%不等；中央邦的儿童死亡率是克拉拉邦的10倍以上；农村贫困线下人口在奥里

萨邦和比哈尔邦高达66%，而在旁遮普邦仅为21%；每千名男性对应的女性在哈里亚纳邦是865人（低于世界上任何一个国家的水平），在克拉拉邦是1 036人（发达工业国家的平均水平）；等等。根据这些指标，印度国内各邦的差异几乎与它和其他发展中国家的差别一样大。

虽然克拉拉邦在社会领域取得特殊成就，它的存在加大了印度国内的地区差异，但不能错误地认为其余的地方就是大体均一的了。不管克拉拉邦是否包括在内，印度国内的地区差异都是巨大的。例如，克拉拉邦1991年1.8的生育率与北方邦的5.1形成有力的对比，而北方邦与泰米尔纳德邦的对比也够强烈的了，后者的生育率是2.2，尽管比克拉拉邦的1.8高，但比北方邦的5.1低了一半多。从另一个角度看这些数字，泰米尔纳德邦的生育率（2.2）与美国和瑞典（2.1）相似，比中国（2.0）之外的任何一个"低收入国家"都低。然而北方邦5.1的生育率大大高于所有"低收入国家"的平均水平，远远超过像斯里兰卡（2.5）和印度尼西亚（2.9）这样的国家，甚至超过孟加拉（4.0）和缅甸（4.2）。当我们把克拉拉邦纳入邦间的对比时，不难发现地区差异更大，然而即使排除了克拉拉邦后分歧仍然存在。尽管我们经常特别注意克拉拉邦，因为从这个印度境内差异最强烈的例子中有许多要学的，但必须避免"克拉拉邦与其他邦进行比较的"倾向。

在解释印度国内的差异时，重要的是要记得人类的贫困有许多方面，包括不同能力的缺失。而且，不同的贫困指标彼此不一定

【走近印度】

　　1999年，印度人口约10亿，其社会构成极为复杂。在三大人科渊源的基础上，全国现有几百个民族和部族，最大的印度斯坦族占总人口的比重仅为46%。而居民语言的状况更为复杂，它们分属五大语系，仅使用人数在10万以上的语言即有720种之多，其中有15种被宪法列为主要语言。

相互关联，印度境内不同地区的情况清楚地表明了这一点。因此，国内不同地区的贫困程度取决于我们关注的贫困的内容或指标。例如，由传统的按人头计算的农村贫困率在东部各邦最高，尤其在比哈尔邦和奥里萨邦，在西孟加拉邦较低。但是幼儿死亡率的区域分布情况则不同，中部和西北部的北方邦、中央邦、拉贾斯坦邦比西孟加拉邦或比哈尔邦差许多，奥里萨邦的贫困率和幼儿死亡率都很高。男女性别比例显示性别不平衡在西北部最严重，包括相对较富裕的旁遮普邦和哈里亚纳邦——有大量的证据支持这一调查结果。因此，印度国内没有单一的"问题地区"，公共政策必须注意到国内不同地区面临的不同挑战。在任何能确认的普遍模式中，主要是印度北部大多数邦的地方性贫困(除了旁遮普邦和哈里亚纳邦，这两个邦其他指标相对值得赞许但存在性别不平等问题)，南部各邦多数做得好得多，尤其是死亡率、生育率、识字率和性别平等上。

与此相关的问题是各邦的福利指标与收入或支出指标间没有什么关系。二者间的联系至少是相当弱的。有些方面确实相当引人注目：例如，北方邦的幼儿死亡率是克拉拉邦的6倍以上，尽管二者按人口计算的贫困率很相似——与印度的整体平均水平相当接近。这并不意味着收入或支出对幼儿死亡率和相关的健康或福利指标毫无影响。印度和其他国家的大量证据表明健康状况确实随着收入的增加而改善(例如，正是旁遮普邦高速增长的经济成为预期寿命提高的明显推动力)。关键是许多其他因素弱化了收入与健康(或其他方面的福利)间的单纯关系，而这些因素本身

【走近印度】

宗教在印度一向有着广泛而深刻的影响，目前印度教占总人口83%，伊斯兰教占11%，此外还有基督教、锡克教、佛教、喇嘛教等。

与收入的相互关系不大。

　　对生活条件有强烈影响的因素(除了私人收入外)中,一些特别的公共行动有重大影响力,比如那些与社会服务的供应、消除传统的不平等、广泛提高识字率相适合的行动。下一节中克拉拉邦与北方邦的对比就很好地说明了这一点。

第六节　对印度各邦的研究

克拉拉邦和北方邦间的比较有特别的意义,我们会在不同的地方运用这种对比。这两个邦在许多福利指标上处于不同的两极,而根据传统的衡量贫困的指标二者间的差别则不是非常大——这在前面的章节中提过。在拉马钱德南(V.K.Ramachandran)对克拉拉邦的相当详细的个案研究中,克拉拉邦的成功可归功于促进社会机会的公共行动的作用,包括初级教育、土地改革、女性在社会中的作用、普遍而公平地提供医疗保健和其他公共服务。有意思的是,北方邦的失败似乎也可归因于大众对这些社会机会的漠视。两个个案研

究确认了几乎相同的成功（在克拉拉邦）和失败(在中央邦)因素,这一事实在理解印度各地社会成就的多样性上很有意义。以下是要强调的确定社会成就的重要决定因素。

首先,两个案例中都显示识字率(特别是妇女识字率)对人类基本能力的有力促进作用。克拉拉邦发展经验中的一个鲜明特点就是早期促进教育,随后产生了建立在识字率的不同社会和个人作用

基础上的重要社会成就。与之相反,北方邦成年女性的识字率仍在25%的低水平,2/3的农村女孩从未进过学校。这种教育落后情况带来广泛的后果,包括非常高的死亡率和生育率。

第二,两个案例都明白显示影响社会成就的另一个因素是女性的作用。北方邦的性别压迫有悠久的历史,直到现在男女不平等在某些地区仍极为严重(例如,我们之前提过,世界上很少有地方的男女比例像北方邦这样低)。文盲抑制了女性积极自由地参与经济和社会活动,因此造成北方邦许多社会落后状态。相反地,长期以来克拉拉邦女性的社会地位相对不错,有知识的女性在广泛的社会成就中起了重要作用。识字率的提高本身很大程度上归功于此,甚至反映在克拉拉邦几乎2/3的小学教师是女性这一事实上(相比之下,中央邦是18%)。

第三,对北方邦和克拉拉邦的比较显示运作良好的公共事业对提高生活条件的关键作用。本章前面的内容中提过,两个邦福利水平的迥异不能以克拉拉邦的高收入低贫困来解释(因为北方邦和克拉拉邦这些方面的差别实际上不大)。如果两个邦对基本品和公用事业的拨款数额相差巨大,那是因为像教学设备、基本医疗保健、儿童防疫、社会安全保障和公共食品分配等公共服务的供应规模和质量明显不同。北方邦里这些公共服务完全被忽视了,有时甚至不存在,尤其是在农村地区。

【走近印度】

印度社会结构中的又一重要特点是森严的种姓制度。"种姓是职业世袭、内部通婚和不准外人参加的社会等级集团"(马克思)。早在奴隶制时期,印度社会即已分成僧侣、贵族和武士、平民、奴隶四大等级,现代的种姓制度就是在此基础上形成的。它共分为三大等级,即由原来的僧侣、贵族、武士和平民所组成的高等种姓,由原奴隶组成的低等种姓以及"贱民",它们各由若干个种姓组成,估计全国共有3000个种姓和3万个亚种姓。

第四，两个案例研究都强调广义的公共行动的社会影响，它超越政府的行为且影响全体民众。克拉拉邦早期促进教育的行动使大众积极参与政府的政治和社会活动，这在北方邦是没有的现象。尤其重要的是，克拉拉邦的公共行动优先致力于促进社会机制。公共服务的扩大也经常反映的是受过良好教育的大众的有组织的需求。大众的态度对确保克拉拉邦诸如医疗中心和小学等公共设施的恰当运作也至关重要。

最后，北方邦和克拉拉邦针对特殊公共行动——社会被剥夺者的政治组织——的重视程度有所差别。克拉拉邦有见识的政治行动主义——部分基于普遍的受教育情况——在减少基于种姓、性别和(某种程度上的)阶级的社会不平等中起了重大作用。政治组织在使弱势群体积极参与经济发展、公共行动和社会变革等整体进程中也发挥了重要作用。北方邦传统的不平等和社会分野仍然十分严重，它们的存在阻碍了许多社会努力。例如，在北方邦仍有些村庄，那里有势力的地主故意阻碍政府建立乡村小学；更普遍的是，政治权力集中掌握在社会特权集团手中，严重忽视了国家和地方弱势群体的基本需要。

造成这么多差异的原因是政治在发展过程中的普遍重要性。当然，克拉拉邦确实有些有利于社会变革的文化和历史优势。但是政治程序本身在发展过程中至关重要，它补充或代替了那些先天优势。这与克拉拉邦"可复制的"成功经验有密切关系。就政治程序的作用而言，北方

邦——以及仍存在基本贫困的印度
其他各邦——没有理由不能仿效克
拉拉邦的基于坚定合理的政治行动
主义而实现的许多成就。

西孟加拉邦有力地例证了政治
改革的可行性。这个邦的弱势阶层
的政治组织成功地改变了政权的平

衡。最具体的表现是1977年左派联盟在邦中掌权。左派联盟在随后
的选举中保住了席位,它的主要选民基础包括没有土地的劳动者、
佃农、居住在贫民窟的人和其他弱势群体。权力平衡的这一变化使
得在其他许多邦经常被视为"政治上不可行"的很多有深远意义的
社会计划有了实施的可能性。两个著名的例子是土地改革和乡村一
级民主机构的新生。

西孟加拉邦的政府在促进另外一些社会机会上显然不那么积
极。诸如土地改革的议题在左派联盟的计划中得到最高优先(部分
是因为这些议题在导致联盟掌权的政争中的重要性),而关注健
康、教育和相关问题的公共政策则相对被忽视。相应地,西孟加拉邦
这几年人民生活条件的提高仍相对较慢。这里有个重要的机会被错
过了,因为西孟加拉邦政府动员大众的能力(在其他领域已被充分
证明)本来能够在教育和健康领域的实际改革中发挥作用。这些是
重大失败经验,但它们并未减弱西孟加拉邦积极成就的重要性和它
作为当今印度激进政治变革可行性范例的整体价值。

第七节　理财达人的致富之道

财富小故事

郭先生在一家外企工作,3年下来已有1万美元的存款,他打算用这些钱去投资。由于郭先生对外汇存款收益并不满意,对股票也不熟悉,最终选择了实盘外汇买卖。目前很多银行都开设了个人外汇买卖业务,因此郭先生外汇买卖的准备工作很快就完成了。然后他根据专业人士的分析在4月18日以1∶1.2260的汇率卖出美元买入欧元。账上的1万美元就变成了8 156.6欧元。"五一"外出旅游休假回来,郭先生经过对欧元走势的分析,最后决定在5月10日以1∶1.2805的汇率将欧元兑换成美元, 领取10 444.5(8 156.6×1.2805=10 444.5)美元。这样一来,郭先生在短短的3周里获利444.5美元,收益率达4.4%。

这短短的3周时间郭先生就赚了444.5美元,当时相当于3 500多元人民币。外汇投资真的有这么大的赚头吗?外汇通的一位投资专家称,我国当前只开放了个人外汇实盘买卖业务,投资者可通过手中的外汇(现钞、现汇均可)根据银行公布的国外外汇市场报价进行交易。本案中郭先生采取实盘操作的模式,这种模式在交易的过程中是不存在信用因素和放大效应的。很多银行已经实现连续24

小时交易,并支持网上交易、电话交易等交易方式。

外汇交易

1.外汇理财关键看汇率

汇率,又称汇价,指一国货币表示另一国货币的价格,或者是一国货币折算为另一货币的比率或比价。

外汇理财关键看汇率,因为汇率在国际贸易中起着最重要的调节杠杆作用。根据不同的货币标准,可分为以下两种汇率标价方法:

直接标价法:又称应付标价法,即以一定单位(1、100、1 000、10 000)外国货币为标准来折算为一定数额的本国货币。应付标价法相当于计算购买一定单位外币所应付多少本币,外币的价值与汇率的升跌成正比。

间接标价法:又叫应收标价法,是以一定单位(1、100、1 000、10 000)的本国货币为标准来折算为一定数额的外汇货币。

直接标价法和间接标价法所表示的汇率涨跌关系正好相反,所以在引用货币的汇率和分析汇率高低涨跌时,必须明确是哪种标价方法,以免混淆。

2.外汇理财的投资方式

适合居民的外汇理财投资方式主要有以下4种:

(1)定期外币储蓄。这是目前投资者最普遍的选择方式,具有一定的流动性和收益性,风险低,收益稳定。

(2)外汇理财产品。相对于国际市场利率而言,国内的美元存款利率较低,外汇理财产品的收

【理财密码】

外汇市场是个国际性的资本投机市场,其历史发展时间要比股票、黄金、期货等市场短得多,但它的发展速度却惊人。外汇市场波动频繁、波幅巨大,给投资者创造了更多的机会,吸引了越来越多的"80后"投资者的眼球。

【理财密码】

投资者要认真研究各类外汇理财工具，比较不同理财方法的风险与收益，选择适合自己的外汇投资方式，制定理财方案组合，谋求外汇资产的最优增长。

益率随着国际市场利率的上升而上升。

（3）外汇期权交易。交易双方在约定的期间内按约定的条件和一定的汇率，就将来是否交易某种外汇的选择权进行买卖的交易。

（4）外汇汇率投资。汇率的上下波动均可获利，目前，国内诸多银行都推出了外汇汇率投资业务，如果手中已拥有外汇可以考虑参与外汇汇率投资交易获利。

3.个人外汇买卖

个人外汇买卖是指个人在银行进行可自由兑换外币（或外汇）间的交易，一般分为实盘外汇买卖和虚盘外汇买卖。国内银行很久以来只能进行实盘外汇买卖，但交通银行和中国银行有推出虚盘外汇买卖，如外汇保证金业务。

个人外汇买卖有套利和套息两种。套息是利用外币币种储蓄利率的差别赚取利息收入，如美元存款利率高于日元存款利率时可将日元兑换成美元；套利是利用外汇汇率的波动性来赚取汇差赢利，如美元兑日元汇率较低点时买进美元卖出日元，当汇率波动至较高点时再抛出美元买回日元赚取汇率差额收益。

如何炒外汇

进行外汇投资最首要的是了解外汇开户流程，"80后"投资者要学会分析自己的财务状况以及学会挑选外汇产品。

1.外汇开户流程

（1）投资按照交易商或其代理商提供的流程填写开户文件。开户文件中包括开户人姓名、国籍、住址、收款银行名称、银行卡卡号、身份证号、联系电话、电子邮箱等。

（2）交易商通过电子邮箱,会把交易账号和密码发给客户。客户的银行卡卡号、电子邮箱和交易账号就会被绑定。

（3）投资者在交易商指定的监管账户内打入资金,交易商在确认款项到账后再向客户账户注入资金。

【理财密码】

如果投资者以家庭生活的必需费用来投资,投资失败的概率就会增加,因为万一亏损就会直接影响家庭生计,一旦亏损就难以保持客观、冷静的心态,心理上已处于下风。

（4）投资者登录服务器,开始进行真实交易。

2.分析财务状况

"80后"投资者考虑个人财务状况可以着重从两方面考虑,一方面是短期内是否需要使用资金;另一方面是用于外汇投资的资金是否能够承受汇率风险。如果短期内有可能使用资金,则适合办理普通定期存款和短期的个人外汇理财产品;如果投资者比较看重汇率风险,短期限的产品可能较为合适。因为从长期看,即使是专家也很难对汇率的波动变化作出非常准确的判断。

除此之外,还应该明确自己入市资金的用途（最好是闲置资金）、资金承受能力、汇市操作的盈利目标等。

3.学会挑选产品

在确定了自己的资金流动需求和风险偏好后,首先,确定产品时可选择适合自己的产品期限和相应期限的理财产品。一定时间内要动用资金的,选择产品的投资到期日与预定用款时间应相吻合;其次,外汇资金无固定用途的,可选择较长期限的产品,但也要加强对产品具体要素的识别,不能光看产品收益率的高低。

第八节　财富名人榜——塔塔

塔塔全名为詹汉格·拉坦吉·达巴海·塔塔,小时在法国上学。

1925年,塔塔任塔塔钢铁公司总经理助理。一年后,年仅22岁的塔塔就成了一家之主,开始继承父亲在塔塔钢铁公司的常务董事职位。

1932年,他从英国购买了两架单引擎飞机。当年的10月15日,他首次驾机从卡拉奇经阿默达巴德到孟买作邮政飞行,这标志着印度航空事业的开端。从这时起,他开始组建塔塔航空公司。开业头一年,公司就获利1 000万卢比。第二年航班已达到100%正点率,而另一家帝国航空公司正点率只有80%。从1946年开始,塔塔航空公司改为印度航空公司,与政府合营客运业务,塔塔家族控股40%。

1938年,34岁的塔塔正式成为塔塔财团首脑。他除了保持塔塔家族的优良传统外,还在企业管理上进行了大胆革新,从家族统治转向专业人员管理。要知道,在那个时代,几乎没有一家印度企业不是家族成员管理企业,这显示出塔塔非凡的远见与超人的胆略。他只担任塔塔钢铁公司、塔塔子孙公司的董事长,而把纺织公司、电力公司等公司的董事长职位让给别人。他认为如果这些公司的董事长都由他一人担任,那他就只能整天开董事会了,而不能去做一些开拓性的工作。此外,他还聘请最有才干的法律专家、经济学家、金融专家和专业技术管理人才到塔塔公司任职,充分体现了他任人唯贤的指导思想。在这些能人的经营管理下,塔塔财团不断发展壮大。到1993年为止,财团的13家大公司的资产总额为44.78亿美元,总产值为44.66亿美元,始终保持印度第一财团的地位。

1993年11月29日,塔塔在瑞士一家疗养院病逝,终年89岁。遵照遗言,葬于巴黎家族墓地,他的父母和两个弟弟均安葬于此。

塔塔是一个热心公益事业的人,1974年,印度比哈尔邦一个地方蔓延天花,半年内有6 000人丧生,还有数千人因患病而致残,世界卫生组织立即派美国医生拉里·布里安特博士到印度。

拉里·布里安特到印度后,一无人员,二无物资。他的助手说你可以找塔塔碰碰运气。于是拉里·布里安特拨通了塔塔集团公司的电话,当电话接通后,他提出要让塔塔派50名医生、200名医疗检查员和600—900名牛痘接种员以及提供50部车辆和其他物资。电话里很长时间没有声音,拉里·布里安特轻轻地问:"我的要求是不是太高了?"这时候听见一声风趣的回答:"我们从昨天开始已经准备好了。"

第二章 印度财富与社会机会

印度于 1991 年 7 月开始实行全面经济改革，放松对工业、外贸和金融部门的管制。1992 年至 1996 年实现经济年均增长6.2%。"九五"计划（1997 年至 2002 年）期间经济年均增长 5.5%。1999 年起实行第二阶段经济改革。2001 年，出台"十五"计划（2002 年至 2007 年），深化第二阶段经济改革，加速国有企业私有化，实行包括农产品在内的部分生活必需品销售自由化，改善投资环境，精简政府机构，削减财政赤字。

　　人们都比较中意现实的钱的存在感，总是觉得相同的钱拿在手里比出现在银行卡上的数字更加令人兴奋，所以很多人不愿意把钱流动起来，而是死死地把钱攥在手里，同时却又非常希望能够真正实现钱生钱的目的。

　　转变观念非常重要，观念决定命运，理财改变一生。彻底摒弃掉要手中有钱才有安全感的想法，虽然我们必须要有一部分钱来维持日常生活的开销，但是用以流动的钱只需要能够满足我们3～6个月的生活也就足够了，那么其余的钱，我们就可以拿来进行理财，即便是不能成为像比尔·盖茨那样的富翁，也可以实现简单的财富梦想。比如按照成就亿万富翁的复利计算公式，今年21岁的年轻人如果可以坚持每年投资1万元，并且每年按照10％的回报率来计算，到他退休的时候，他就可以拥有500万元的回报。

第一节　发展、自由和机会

第二次世界大战结束后不久,发展经济学作为一个特殊的研究领域出现了,它像增长经济学的私生子。发展经济学的缘起中显然有一些来自增长经济学以外的影响,但人们对这些影响采取怎样的作用形式还不太清楚。至少在一点上,这个后代与真正的"增长经济学之子"没有差别,即它们都追求人均实际收入增长。

央·利特尔(Ian Little)准确表达了这一见解,他在《枫丹娜现代思潮辞典》中将"发展经济学"定义为"广义上包括从斯密到穆勒的古典经济学家们关于人均收入增长的所有著作"的领域。这里发展经济学无疑是关注收入增长。但是,央·利特尔提到的那两位经典作家,也就是斯密和穆勒,的确写了很多关于人均实际收入增长的著作,他们把收入看成是达到重要目的的不同手段之一,并广泛讨论了这些目的的性质——与收入极为不同。

这些经典作家密切关注的是我们有理由重视的除收入和财富外的许多事物,它们关系到产生我们珍爱的生活方式的真

> **【走近印度】**
> 　　人口问题从古到今,印度一直是仅次于中国的世界第二人口大国。近几十年来,印度一直保持着较高的人口增长率。1950～1996年间,世界人口增长1.3倍,中国增长1.2倍,印度则增长了将近1.7倍。造成印度人口高速度增长的直接原因是人口出生率持续偏高,而死亡率则有所下降。

正机会。斯密、穆勒和其他经典政治经济学家的著作对人们能够做自己重视的事情的能力的基本重要性很有兴趣，因此他们认为过有意义生活的自由具有内在重要意义——不仅仅是工具性的。他们相当广泛地探讨了二者的联系，一边是收入、财富和其他经济环境，另一边是促进更基本的目标的经济政策。斯密和穆勒都不反对以更宽阔的视野观察我们现在称之为经济发展过程中的变化——甚至把尼赫鲁的那份要做之事的清单也包括在内。

近年来，发展经济学也日益朝着这个方向发展，从更包容的角度看待经济发展的性质。一种看发展的方法是，根据公民享有的追求他们重视的目标的实际自由的扩大程度，一般而言，在这个意义上人类能力的扩大可被看成是发展过程的核心特征。

一个人的"能力"显然是来自亚里士多德学派的概念。人

的一生是他或她从事的一系列行为、或达到的某种状态以及由此组成的"功能"集合——个人的存在和行为。"能力"指的是个人能够选择的不同功能组合。因此，能力本质上是种自由——个人拥有的决定过何种生活的可选择范围。根据这一观点，生活的贫困不仅指这个人确实身处穷困状态中，而且包括缺乏真正的机会——由个人环境和社会限制造成——去选择其他生活方式，即使是低收入、缺少财产和一般被视为经济贫困的其他方面之间的关系，最终也

与它们被剥夺能力的功能相关（即它们大大限制了人们过有价值的宝贵生活的选择）。因此贫困最终就是一种"能力的剥夺"，这里不仅要注意二者在概念层次上的联系，还要注意它们在经济调查和社会或政治分析上的基本联系。就像本书经常做的那样，在我们关注诸如有正常生命期的自由（不因夭折而衰减）、读写的自由（不受文盲的局限）等基本能力被剥夺时，必须始终记住这种更广泛、更基本的对贫困的看法。虽然"贫困"这一术语不会公然出现在这种语境中，但我们的潜在关注是被剥夺和穷困的生活。即使是从更传统意义上关怀经济贫困（表现形式为收入不足），根本动机也还是贫困对能力被剥夺的强人影响。

作为发展基本目标的人类能力的扩大，在现代发展经济学的著作中从未被完全忽视过，但这些作品主要关心经济增长的产生，即扩大国民生产总值及相关的变量。人类能力的扩大显然会随着经济的发展而增强（即使就狭义的人均实际收入增长而言），但是，(1)除经济发展外还有许多其他因素影响经济增长；(2)经济发展对人类能力的影响非常不确定，它取决于发展的性质（例如，就业密集度如何，由发展而获得的经济收益是否被用来补偿最贫困者）。

最重要的是需要判断不同的政策对扩大公民享有的能力的影响（不管能力的扩大是不是由实际收入的增长产生的）。这与被认为是优点的根据对实际收入增长的贡献判断经济政策的标准做法差别极大。对这种做法的争论不应被看成是鼓励人们忽视经济增长在扩大人类能力等基本目标上的工具性作用的重要性；争论主要是分

【走近印度】

　　第二次世界大战以前，印度的出生率长期保持在4.6%～4.9%之间，20世纪40～60年代波动于4.1%上下，1995年亦仅降至2.9%，仍高于发展中国家的平均数。究其原因，首先是生产力水平低，小农经济仍占有很大比重，它直接刺激着农民的生育意愿。这种情况同其他发展中国家基本类似。

清目标和手段。

　　印度和其他地方近来试图避免官僚政治的阻碍，开辟市场机会，就这一变革对经济扩张造成的预期影响而言，它基本上被认为是正确的做法，增加了经济产出和收入。正如巴格瓦蒂（Bhagwati）和斯里尼瓦桑（Srini-vasan，1993）的半官方的权威报告所言："这些结构改革是必须的，因为我们在创造适当的收入增长率和人均收入增长率上显然失败了"。这确实是精彩的原因分析。另一方面，关注产出和收入的理由在于它们的增长将最终影响人们实际享有的按自己喜欢的方式生活的自由。分析经济发展必须注意因果关系，也要注意有助于提高人类能力的其他政策和制度的变化；不能只根据它们对收入和产出的作用判断经济发展计划的成功与否，还必须重视人们能够享受的生活这一基本层次。这不仅在评价当代印度的经济改革和目前的经济政策时适用，对评价世界上其他地方的经济发展计划也同样适用。

第二节　关于教育和健康

我们必须认识到,促进或限制个人的自由——包括他们能够利用经济机会的自由——有着重要的和显著的意义。正如上一章中讨论过的,教育和健康是重要的"促进"因素。这些所谓的"社会"变量在培养经济进步中的作用,近来在发展经济学的文献中受到广泛注意。当然,这个主题有些陈旧,像斯密、杜尔哥、孔多塞、穆勒、马克思等古典经济学家都毫无争议地认可这种作用。

考虑到当代世界对基础教育在经济发展中的重要性的广泛认同,印度明显忽视基础教育的做法就显得更加惊人。在印度,经济发展中的教育问题不知何故被排除在关注焦点之外,尽管最近经济政策急剧变动,但这种忽视仍在继续。在医疗保健问题上也存在类似情形。尽管巴格瓦蒂和斯里尼瓦桑(1993)清楚地论述了经济改革的挑战,却完全没有谈到教育和健康问题以及它们可能促进对改革中产生的经济机会的运用。他们所

> **【走近印度】**
>
> 　　目前,印度是世界上每年出生人数最多,死亡人数最多以及自然增长人数最多的国家;总人口预计将在21世纪中叶赶上并超过中国,成为世界上人口最多的国家。到21世纪末,当印度人口进入相对稳定阶段时,其总数至少将达18.6亿,比现在增长1倍。对于人口问题的存在,印度政府在一定程度上也是有所认识的并采取了不少措施,但实践表明,面对着各方面的强大阻力,这些措施都没有取得显著成效。

讨论的"基础设施"问题——目前其实状态不错——仅限于交通和发电。这里错过了一个质询关于印度行动计划中不平衡的老问题的机会。这个话题与上一章论及的将经济改革看成是自我独立的倾向有关,它没有把改革看成与社会政策的失败相联(与更狭隘意义上的经济变化一起,要求社会项目,尤其是基础教育的激进变革)。

教育和健康至少在五个方面对个人自由有显著的价值:

(1)内在重要性:受教育和健康本身就是有价值的成就,有机会得到它们对个人的实际自由有直接重要意义。

(2)工具性的个人作用:个人的受教育和健康能帮助他做很多事,这都是有价值的。比如,在得到一份工作或更普遍地利用经济机会时教育和健康是重要的。随之而来的收入和经济手段的扩大转而又能增加人们获得他人重视的功能的自由。

(3)工具性的社会作用:更多的识字和基础教育能促进对社会需求的公共讨论,鼓励有见识的集体需求(如医疗保健和社会保障等);转而增加公众享受的设施,提供更好的有效服务。

(4)工具性的程序作用:学校教育程序甚至能获得确定的正规教育的目标之外的好处。例如,童工与未接受学校教育的儿童密切相关,推广学校教育能减少在印度普遍存在的令人苦恼的童工现象。学校教育使年轻人之间保持联系从而扩大了他们的视野,这一点对年轻的女孩子尤其重要。

(5)授权和分配作用:弱势群体获得更多的识字和教育能增加他们反抗压迫、在政治上组织起来、获得更好待遇的能力。不仅在不同的社会群体或家庭之间,而且在家庭内部成员之间再分配的功能都很重要,因为有证据表明,更高的教育(尤其是女性教育)减少了基于性别的不平等。

【走近印度】

印度自独立以来在社会经济领域取得了不小的进步,但同其他多数国家相比,发展速度不算快。再加上人口增长过快,所带来的人口压力是十分沉重的。

这些影响不仅对接受教育和医疗保健的人起作用,对人与人之间的关系也起作用。例如,一个人的教育能力对其他人有用(如,让他读小册子或解释通告)。人际联系还有政治意义,比如整个社区都能从社区内受过教育的某个团体的行动引起的公众注意中受益。在很多情况下,个人能运用的经济机会通过供给和需求的后溯关联和向前联系,也为他人开拓了更多机会。不通过广泛的"社会选择"法将难以评价教育的作用。由于发病率、预防性保健和诊治的明显外溢性,在健康问题上也有类似的内在联系。扩大的健康和教育对社会的影响将远远超过对个人的作用。

经由不同的相互联系,教育和健康在经济发展过程中还能起重要的战略变量作用。因此,缺乏恰当的教育和健康政策,对于评价过去半个世纪以来印度在致力于发展所取得的有限成功有着深远的意义。仅仅关注自由化和取消管制的改革政策无法

纠正过往行动计划中这方面的失败。

　　消除阻碍生产的政府控制,确实能扩大许多人的社会福利。但是,要改变严重抑制大多数人实际社会机会的环境(如文盲和健康不佳),这些非约束性改革必须辅之以对现行教育和健康公共政策的彻底改变。不管从社会机会的内在重要性还是工具性作用的角度看待经济发展,我们都不能忽略这一至关重要的联系。

第三节　政府、国家和市场

市场机制和政府行为的竞争优势在经济文献中多有讨论。这两种经济决策形式的比较优势完全与语境有关，泛泛地支持"国家"或"市场"的观点没有什么意义。为更清楚地说明这一点，我们举个简单的事实：政府能做的和它实际上会做的取决于政府的本质。不幸的是，现代世界历史充满暴政折磨，不亚于中世纪时的残忍。红色高棉由于特殊的意识形态原因在柬埔寨极为成功地迅速杀害了上百万人就是个鲜明的例子；乌干达的埃迪·阿明表现的是另一种形式的残忍——意识形态因素更少但同样的残酷；20世纪纳粹德国的暴行和种族灭绝无疑说明这不仅是"第三世界"现象。某些作品认为政府干预基本上是受社会进步的需要指导，这无疑是非常愚蠢的观点。

即使政府的目标不像柬埔寨的波尔布特、乌干达的阿明和纳粹德国那么残暴，但仍然有一个谁正试图通过政府的行动机制获取什么的问题。赞同政府领导经济发展的理由中暗含人们对政府的善意和判断力的信任，

【走近印度】

1960～1995年，印度国民生产总值增长3.26倍，但人口也增长了1.1倍，因此人均国民生产总值只翻了一番，由于收入增长缓慢，多年来印度广大人民的实际生活水平改善不大。按其本国的统计，20世纪60年代初生活在贫困线以下的人口占总数39%，这一比重迄今没有明显下降。

经常经不起仔细推敲。

在这里区别"国家"和"政府"可能是有意义的。国家在许多方面是个更广泛的概念,它包括政府,还包括表决公共规则的立法、规定选举的政治制度、赋予反对党的地位、司法支持的基本政治权利等。民主国家使执政的政府难以无视普通大众的需要和价值。红色高棉的肮脏统治能维续是因为波尔布特不必面对选举或迎合反对党,正是军人统治的、非民主的国家使得种族灭绝政策在红色高棉具有政治可行性。所以,我们不仅要询问实际当政的政府的性质,还要更进一步询问国家的性质,执政的政府只是国家的一部分。

考察市场机制的地位也要注意它对语境的依赖。我们在谈论的是什么类型的市场?大部分的效率理论或市场机制的有效性与保持竞争性市场的平衡状态有关。稍微违反那些竞争性条件而不必剧烈改变结果,不是不合理的假设(莱布尼兹学派相信"连贯的天性"显然也是相信这一假设),但是现实的市场却会表现出非常不同的形式。例如,一些垄断经营者使物品供应不足——导致短缺和痛苦的大规模加剧——太经常发生以至于无法把它看作想象的噩梦而不理会。亚洲和非洲最近有许多通过市场交易从上百万人的不幸中获利的例子。

另外一些案例中,由于市场错误判断某种商品短缺的严重程度,结果造成痛苦,甚至混乱——而不是由于人为操纵。这样的例子发生在1974年孟加拉的饥荒中,当时商人的误导性投机造成粮食价格飙

升，随后又急剧下降到上升前的价格（同时饥荒也造成损失）。无条件的"赞同市场"观点并不比"赞同国家"观点少出问题。

因此，要比较基于市场的经济决策和基于政府的经济决策就要更清楚地理解市场和政府的性质。当然这不是一个非全即无的问题。市场中有许多变量：竞争程度、进入的开放性、实际可操作空间等等；政府有多样性，取决于国家的政治体制基础、支撑政治自由的法律体系、政治统治集团的力量、对反对意见和不同意见的处理等等。评价基于市场的决策和基于政府的政策各自的优点，不能不严格按涉及的市场和政府的具体形式决定。

【走近印度】

印度消费多，积累少，致使生产力发展不快。目前印度平均每年新增1 800多万人，仅仅为满足其最低需求，每年就要增加360万吨粮食和2亿多米纺织品的消费量，在其他方面也需要大量投资。印度学者指出，过去的30年内人口增长速度若降低一半，国家仅在住房和教育这两个方面节省的开支就可以建设近30座年产百万吨的大型钢铁厂。

第四节　市场和政府管理间的相互依存

评价市场和政府各自的优点时,必须注意它们之间完全是相互依存的关系。特别是市场机制的运作与成功,深受与其相随的政府行为性质的影响。这里面有种种原因——有些更明显。

第一,很显然,如果没有法律对契约和特定权利的支持,市场几乎无法运行——虽然有些责任是自动生效的(商业道德在合同式的市场交易的实现中起重要作用),但责任未履行时的诉诸法律,是交换和生产体系顺利运行的重要背景条件。早在欧洲工业革命期间,市场机制的发展紧随着能为商业和经济活动提供安全的法律秩序的建立也就不奇怪了。再举个不同类型的例子,不放在法律和秩序崩坏——那个军人当政国家"应受的惩罚"——的语境下,就无法理解为什么市场机制在当时的索马里表现出那么脆弱。1992年索马里饥荒在很大程度上确实是市场机制崩溃的结果,但同时也是政府管理衰竭的产物。

第二,政府在发动和促进与市场相

关的经济增长中起主导作用。这在像德国和日本这样的成功资本主义国家的历史上被大量研究过。更近一些,在解释所谓的"东亚奇迹"时——东亚新兴工业化国家和地区获得的巨大成就(尤其是韩国、中国的台湾和香港地区、新加坡以及最近的中国大陆和泰国)——政府的作用备受关注。根据经济理论很容易理解政府的作用——尤其

【走近印度】

　　人口的经济结构一直没有明显变化,失业问题十分严重。自20世纪初期以来,印度的经济活动人口中从事农业的始终占70%左右,迄今没有出现明显的下降趋势,这在世界上还是少见的。其原因很重要的就是人口增长过快,超过了非农产业发展对劳动力的需求,致使农业剩余劳动力无法转移,结果造成严重的失业问题。目前,过去二三十年生育高峰期出生的儿童已经或即将大批进入劳动市场,问题看来还要进一步趋于严重化。

涉及经济启动时的困难,它与"市场试错"(交易前关于市场价格的谈判,同时导致生产决策)的困难、规模经济、技术外溢的重要性、整体技术结构性质等因素相联。一个积极的国家对先期市场机制的培育,不会阻碍之后的市场发挥更独立的作用。

　　第三,即使是正式的市场机制成果理论也暗含着对政府行为的极大依赖。以福利经济学的基本法则为例。第一条法则显示,在给定的一些条件下,任何竞争性的平衡都是符合帕雷托效应的,它比第二条法则更少受人注意,因为帕雷托效应下的分配可以是极不平等和彻底令人厌恶的。另一方面,第二条法则显示在一些相对更严格的假设下(包括缺少重要的大规模经济),任何帕雷托有效配置对一些价格的确定和资源的初次分配是竞争性均衡的。如果帕雷托效应被视

【走近印度】

　　印度历史悠久，劳动资源充足，又有着得天独厚的自然条件，但长期的殖民统治和传统封建生产关系的束缚，却使它成为一个十分贫穷落后的国家。自独立以来，印度致力于民族经济的发展，从1951年起，相继执行了8个五年计划，与过去相比，发展速度明显加快(独立前近一个世纪的年均增长率仅为0.5%，20世纪50～70年代提高到3.5%，80年代以来进一步达到5.3%)，经济面貌有了明显的变化。

为社会整体最优的必要条件，就必须——在假定的框架内——能通过竞争性均衡保持社会资源的最优配置，倘若资源的初次分配被合理地确定的话。

　　问题是：谁来确定这样的资源初次分配？这就再一次需要政府的作用。因此不难看出，所谓的"福利经济学的基本法则"的意义深深依赖政府行为。在许多社会中，有充分理由怀疑这种分配方式——对资源再分配直到社会最优配置且具有均衡社会福利的功能——的政治动机。不过，公平市场所能达到的平等(根据第二条基本法则)仍取决于适当的政府的积极行为。

　　实际上，市场与政府间的相互依存还在另一个方向起作用。如果公民被禁止从事出于自愿的商品交换或生产产品和服务，也很难想象政府能获得可以接受的社会协议。这些行为——包括交易和契约——构成市场机制不可分的部分，不管这个机制多么原始。

　　经济理论最新的发展，强调规模经济和内生增长的重要性，大量阐述市场和贸易的作用。正如亚当·斯密(1776)所论述的，市场为以专业化和劳动分工为基础的贸易获利提供了良机，增长理论和贸易理论最近的分离产生了被布坎南(Buchanan)和尹(Yoon,1994)恰当地称为"回归利润的增长"理论。

　　这一分析思路也显示，全球劳动分工模式不仅因为天赐和比较优势因素，也深受过去的实际经历和专业化影响，因此公共政策在市场中长期发挥作用。"相互依存"，确实比脱离历史的分析更有意义。根据这种分析，市场是实现经济潜力的必需工具，而积极的公共政策在启动工业和提供更广泛的公共教育基础(比如在韩国和日本发生的)等方面的长期影响，也更容易解释和理解。

这里讨论的更广泛的相互依存，要求我们更清楚地了解政府政策与市场活动之间的关系。要特别重视排斥市场与辅助市场的政府干预的区别。

第五节　排斥市场的政府干预和辅助市场的政府干预

任何社会协议的成就和失败，包括作为(它做了什么)和不作为(它没做到什么)。市场做某些事，避免做另一些事。"失败"可能出于积极目的结果却是坏事，或出于没有做本应做的好事。从道德判断这个例子看，谋杀是有害的作为，而没有阻止可预防的谋杀则是不作为。

与其他机构一样，市场做某些事，避免做另一些事。市场机制和"非市场"体系之间的确隐藏着不对称。在市场无法自由运行甚至根本无法运行的情况下，一项经济安排可能是"非市场"的，这可以称为"排斥市场"的安排。或者，许多事国家会做而市场不会做，这也是"非市场"的。这些辅助性操作不一定禁止市场和交换，可以称为"辅助市场"的安排。

既有排斥市场又有辅助市场的混合干预体系显然有存在的可能，两种"非市场"安排其含义可以非常不同。用当前关注的一个特殊领域的实例,即持续困扰现代社会的可怕的饥荒现象,能有效地说明该问题的性质。饥荒既发生在非市场的社会主义经济中,也发生在市场经济体制中,但是在观察市场经济中的饥荒时,我们要问:为什么市场体制无法避免饥荒呢?

经常有人争论说市场能够而且正在扭曲食物交易。当然不难发现市场被有组织的商人操纵的例子,这类操纵有时增加了与饥荒有关的痛苦和不幸。但另一方面,很难找到证据证明贸易畸变是市场经济中饥荒的根源,在这种情况中,市场机制的明显缺陷在于市场的不作为。比如说,如果有些群体由于干旱或洪水而失去工作,从而丧失了购买力和获得食物的权利,市场不会努力重新创造收入或恢复他们已失去的对食物的控制。这是不作为的错误,有别于市场积极作为的坏事。在这个例子中,补救措施不是寻求"排斥市场"的干预。

没有理由认为饥荒中与市场机制有关的所有问题都是"不作为"型的,也就是认为市场没有行动而不是它们积极发挥作用的结果。市场的运作可能恶化某些团体中人们的处境。举个例子,由于主食价格更便宜,与之相关的肉类和肉类产品价格下降,畜牧场主大批屠杀牲畜,这就是因为市场的作用,这种情况在许多饥荒中经常发生。畜牧业经受的痛苦是因为商业化社会中它们的经济存在依赖市场的作用。同样,在劳动力需求下降时,工资与食物的价格比率下降(由于干旱或洪水影响了农业活动),无疑同时恶化了劳动者的处

境,这种脆弱性与其对市场交换的依赖有关。

但是,即使市场行为会造成问题,也不能通过法律取缔市场来消除饥荒的威胁,也就是不能通过采取任何"排斥市场"的全面干预的行为。的确,在这些案例中,个人通过市场参与(例如,出卖劳动力、以个人的工资所得购买食品、或出售肉类产品以购买便宜的食品)获得的利益由于经济环境的变化而急剧受损。这一过程由于市场交易利益的减少而产生——市场交易的利益对生存极为重要,人们可能已依此为生。由于市场机制无法为交易协定和贸易条件提供保障,人们就只能继续处于贫困中。

没有阐明排斥市场的干预和辅助市场的干预之间的区别,造成了一些错误的分析和误解。例如,亚当·斯密(1776)为谷类食物的私人交易辩护、批评国家的禁止性限制,经常被误解为斯密认为国家干预只能使饥荒更严重。然而斯密是通过驳斥"食物贸易会产生严重市场作为错误"的观点,从而为私人贸易辩护的;他并没有以任何方式否认在对付饥荒的威胁时,为了辅助市场行为国家需要采取增加收入的行为(如就业计划),因为市场不会这么做。斯密的观点是拒绝排斥市场的干预体制,而不是辅助市场行为的社会干预。

斯密对饥荒的分析实际上与这个观点相一致:赞成通过有辨别力的政府采取积极行动,让被

【走近印度】

若从整个世界来看,印度经济发展得并不快,1960～1970年其增长速度在全世界106个(有可比统计的)国家中列第84位,1970～1980年在111个国家中列第72位,直到1980～1993年间才在125个国家中前进到第13位。印度的人均国民生产总值从1960年到1995年用了35年时间才增长1倍,这一速度不仅与处在世界前列的韩国(11.2倍)、泰国(5.6倍)相差很远,在南亚范围内亦明显低于马尔代夫、不丹、巴基斯坦和斯里兰卡;按可比口径,其绝对值仅相当于美国的5%,斯里兰卡的40%或巴基斯坦的60%,比孟加拉国还低一些。

剥夺权利的人增加收入和购买力,通过私人贸易让食物的供应反映新需求。有证据——来自南亚和撒哈拉以南非洲——表明(1)政府采取行动为潜在的遭受饥荒者增加收入和购买力,(2)让私有市场反映这些收入和需求,这两种行为的结合在防止饥荒中十分有效。斯密的朋友孔多塞(Condorcet)详细地论述过这种结合,斯密自己的分析也完全按这条思路进行。

斯密没有为市场机制的作为功能大力辩护。他的关于"屠夫、酿酒者和面包师为一方,消费者为另一方"的贸易收益的著名论断指出,市场通过交易确实给所有参与者带来好处。不可否认,如果我们缺少购买肉类、啤酒和面包的钱,屠夫、酿酒者和面包师对我们就没有用处。他认为,抑制这种交易将是个主动性错误,但是满心希望地消极等待收入的产生,然后面包师等人开始向穷人提供食物,也是一个代价昂贵的错误。

作为与不作为之间的区别,对于理解现代经济中市场和非市场机构各自承担的角色很重要。实际上,可以同时达到:

(1)市场机构更多,(2)超越市场的目标。的确,在应对印度行动计划遇到的挑战时正需要这样的组合。印度政坛争论形式趋于传统("赞成"或"反对"市场)正是由

【走近印度】

　　印度自然资源丰富，具有相当的工业基础，经济总量已超过英国和意大利，同法国相当，并且在原子能、航天、计算机等尖端工业中达到了世界较先进水平；印度拥有一支人数仅次于美国，居世界第二位的科技队伍。此外，股票上市公司数量(7 000家)以及计算机软件出口量，在世界上亦仅次于美国，居第二位。从某种意义上说，具备了迎接新技术革命挑战的一些条件，已站在经济起飞的起跑线上，到上世纪90年代中期并已出现开始起飞的明显迹象，其发展潜力无疑是巨大的。

于混淆了问题性质的结果。例如，在需要更积极地发挥市场作用的工业生产和贸易领域，没有解决需要更多的国家行为来提高印度糟糕透顶的基础教育、医疗保健、社会保障水平的问题。另一方面，认识到国家干预经济的必要性，并不会削弱对印度过分管制的经济进行改革的重要性。

　　总体而言，辅助市场的安排，在独立后的印度对消除饥荒起了相当大的作用。但是，不作为仍是当前印度经济的一个中心问题——不是指易发生饥荒，而是表现出常见的营养不良、普遍的文盲、高发病率和死亡率等形式。这是对人类应重视的基本自由的否定，而且这些不足，在人们参与经济扩展和社会变动的实践中，将严重限制人们的机会。为保卫这些自由，把市场功能与政府职能相结合，极为关键。在这种情况下，辅助市场的干预将比排斥市场的干预或不干预都更有效果。

第六节　积极的关注重心

　　有关政治哲学中的自由的作品里,充满了区分"消极的"自由与"积极的"自由的讨论。二者的区别有不同的解释,其中一种是把"消极的"自由看成不被禁止做某事,而把"积极的"自由看成真正能帮助个人完成他想做的事的那些支持性影响力。自由主义者更强调消极自由,而赞成公共援助的人则倾向于强调积极自由。

　　类似的——但不是相同的——区别,出现在解释与公民相对应的政府的"责任"上。消极的职责包括防止走向恶性的发展(如,宣布垄断行为是非法的),而积极的责任关心的是建设性地支持公民自助的努力(如,公共教育、重新分配土地、保护弱势群体的合法权利等行为)。不考虑那些极端的主张,大部分的政治理论趋向于同时注意政府的积极和消极职能,但对各自的相对重

【走近印度】

在印度的农业中，传统的封建和半封建的生产关系迄今仍占有优势，独立后实行的"土改"减少了一些中间剥削，但目前占总数70％的农户仍只占有耕地的20％，不合理的土地制度远未得到根本改变。自20世纪60年代后期以来，印度大力推行"绿色革命"，并取得了比较明显的成效，但地区之间、部门之间以及不同类型的农户之间，发展不平衡的问题也相当突出。

要性的看法差别极大。

许多关于自由化和取消管制的争论，关注的是消除被认为是政府消极作为造成的反效果。中央政府和新政策的支持者们大力推崇这种观点，而反对此类改革的声音，来自那些从政府的消极责任中受益的人。双方的论战充斥着目前印度的政策争论。

"消极"领域无疑能找出一些问题来，但是这类争论完全忽视了政府积极职能的重要性，例如制定公共教育、医疗服务和社会保障方面的条款。这里也有可辩论的余地(如，怎么做、做多少、做多久等)，但是几乎所有注意力都集中在辩论是赞成还是反对政府消极作为上(以及自由化和取消管制相应的优缺点)，没人整理有关积极职能的问题。当前最需要的是扩大关注的重心。

第七节　理财达人的致富之道

炒外汇的10点技巧

"前车之鉴后事之师"，"80后"投资者应学习前人的经验，可以少走很多弯路，避免犯前人犯过的错误。

1.做好功课

在投资之前学习国际收支理论、汇率决定理论等一些国际金融理论知识是非常必要的。另外还需要学习一些技术分析的基本方法和操作方法。

2.不确定时，暂且观望

投资者并非每天都要入市，新手炒外汇往往热衷于入市买卖，但成功的投资者则会等待机会。

3.主意既定，勿轻易改变

如果经充分考虑和分析预先定下当日入市价和计划，就不要因眼前汇率的涨落影响而轻易改变决定。

4.买涨不买跌

同股票买卖的原理一样，外汇买卖也是宁买升，不买跌。就获利概率来说，在价格上升时买入比在价格下跌时买入要大得多。

世界行
CAI FU SHI JIE XING

【理财密码】

获利看似简单,其实不然。获利是指在建立头寸后,当汇率已朝着对自己有利的方向发展,平仓就可获盈利。

5.不要盲目追求整数点

外汇交易中,有些交易者在建立头寸后,给自己定下一个盈利目标,比如要赚够 5 000 元人民币或 1 000 美元等,开始期待这一时刻的到来。

6.建立头寸、止损斩仓和获利平仓

建立头寸是指开盘,也叫敞口。即买进一种货币的同时卖出另一种货币的行为。如果入市时机较好,获利机会就大,否则就容易发生亏损。

止损斩仓是指在建立头寸后,所持币种贬值,为减少损失而采取的出仓止损措施。如果交易者心存侥幸,指望汇率回头,只会妨碍斩仓的决心,从而招致更大亏损。

7.在盘局突破时建立头寸

盘局指汇率波幅狭窄的牛皮行市,买卖力量暂时处于平衡的状态,也是双方势均力敌阶段。不管盘局是处于上升还是下跌过程,一旦盘局结束,市价就会破关而上或下,呈突破式前进。这个时间正是入市建立头寸的大好时机,如果长期牛皮的盘局,在突破盘局时建立头寸获大利的机会就更大。

8.“金字塔”加码

“金字塔”加码指的是在第一次买入某种货币之后,当该货币汇率上升,眼看投资正确,兴奋之余想加码增加投资,应遵循“每次加码的数量比上次少”的原则。逐次加买,数量越来越少,就像“金字塔”模式。价格越高越可能接近上涨顶峰,其危险也就越大。

9.严格执行止损点

由于外汇市场风险高,为了避免万一投资失误而带来损失,在每一次入市买卖时都应订立一个止损点(即把汇率定在某个预定的价位)。一旦市场逆转跌到止损点时,还有可能下跌时要勇于操刀割肉,立即平仓或减仓以阻止亏损扩大。

10.不要在赔钱时加码

在买入或卖出一种外汇后,遇到市场逆转急进时,有些交易者仍想加码再做,这是非常危险的。例如,当某种外汇汇率连续上涨,交易者追高买进了该种货币,突然市势急跌,有赔钱的危险,便想在低价位加码买一单,试图通过拉低头一单的汇价,并在汇率反弹时两单一起平仓,从而避免亏损。

外汇投资误区

下面介绍几种常见的误区,希望大家能够远离误区,保持平和心态,树立风险意识,积小胜为大胜。

1.准备不足,盲目投资

不同外汇的存款利率是不同的,许多投资者就想把低息货币换成高息货币做存款,从而获得较高的存款利息。想法固然是好的,但他们根本不管各种外汇的走势如何,盲目行动。他们认为做的是存款,不必在意一点点的点差。在进行外汇买卖中,除了有一定的外汇专业知识,还要密切关心相关国家的经济、政治情况。

2.缺乏风险意识

有很多投资者认为外汇买卖是一种输时间、不输金钱的投资。似乎外汇买卖没什么风险,汇率上涨就抛,赚取差价;汇率下跌就把钱存定期,赚取利息,用利息弥补损失,只是时间长短而已。在投资时设立止损点是非常有必要的,可以规避一定的投资风险。

3.人云亦云,盲目跟风

在投资者较为集中的投资场所,这种情况时有发生。很多投资者喜欢围着一两个所谓"大户"或者"专业人士"取经。在投资时,每个人的实际情

> **【理财密码】**
>
> 近几年参与外汇投资的人日趋增多,但在实际操作中,很多"80后"投资者由于缺少必要的外汇投资知识和投资意识,步入了外汇投资的误区。

【理财密码】

外汇投资如果要频繁操作，必须时刻注意行情的走势，而绝大部分投资者是上班族，没有足够的精力来时刻关注汇市的波动，因而投资的效果也不尽如人意。同时，如果发生屡买屡套惨况会使投资者的心态失去平衡，甚至陷入恶性循环。因此，投资者要学会忍耐，克服浮躁情绪，等待机会。

况不尽相同，每个人都有自己的观点，合适别人的，未必适合自己。在外汇买卖中要有自己的主见，别人的意见只能作为参考，要用自己的外汇投资知识分析、判断汇率的走势。

4.短线操作频繁

许多投资者总觉得手中持有的货币涨得不够快、不够多，因此频繁地买进卖出，但结果往往却事与愿违，收益不大。

案例2：外汇助李先生的公司蒸蒸日上

李先生是一家物流公司的老板，在工作之余喜欢投资理财方面的产品。他从事外汇理财方面，已经长达5年之久，对于外汇也渐渐摸索出一些门道。

2005年11月底，英镑对美元的汇率已经连续下挫了两个半月，下跌了1 430点。李先生凭借多年的炒汇经验认定英镑即将反弹。就在此时，市场新闻上报道了两则消息更坚定了李先生的信心：一则是美国的房屋消费市场有所降温，这引发了市场对美元的担忧，另一则是欧元传出了有可能加息的利好消息，引发了欧元的走强。随着欧元的走强，英镑作为高息货币定会成为资金抢先追捧的对象。

于是，李先生就把30万元人民币换了美元，存入了外汇户头。

12月8日凌晨1点左右，英镑对美元的汇率成功突破1.7344的阻力位，李先生抓住时机在1.7345的位置上买进了40手多单（1手为500美元）。

当行情涨至1.7380，这时的账面浮动盈利已经接近50%。李先生趁机加了几手多单,而行情一举突破了 1.7400 大关,向 1.7500 挺进。在冲至 1.7451 的前期高点时,行情又震荡了 5 个多小时。当行情突破 1.7500 时,李先生的账面浮动盈余已达 2.6 万美元,收益率高达 1.3 倍。

当时公司正好有一个投资项目急需资金,于是李先生把在外汇炒作中赚到的钱投入到新项目的投资中去。随着新项目的成功,李先生又顺利地接下了另外几家零售业的大客户。这几家客户都是不约而同地看中了李先生公司的快速供货,他们的产品对货物的新鲜程度要求非常高。李先生公司的销售额将因此成倍增长,在短短的半年时间,销售额就比同期翻了一倍。李先生凭借在外汇炒作中赢得的资金,让公司的销售业绩迅速增加,公司的规模也进一步扩大了。

财富小故事

被称为"债券之王"的比尔·格罗斯是全球最大、最著名、业绩最佳的基金经理。他凭借 4000 万美元的年收入被称为全球收入最高的债券经理。

很多基金经理会有一两年出色的表现,但格罗斯在 35 年里表现出色,而且还在继续。基准的雷曼兄弟指数年均获利 8.1%,而格罗斯管理集团的旗舰投资组合、资产达 750 亿美元的太平洋投资管理公司,总回报基金从 1987 年成立至今,平均每年获利为 9.4%。其总回报基金是全球最大的债券基金,也是过去 10 年里同类基金中最畅销的基金。

在越南服役两年后,他成为一名股票基金经理,后来成立了一个债券基金。他的基金因而迅速增长,到1987年,资产已达到200亿美元。2000年,他将这家集团以33亿美元的价格转卖给德国的安联,净赚2000万美元。

【理财密码】

格罗斯成功的原因在于他愿意在市场上采取与众不同的策略。他也是使用金融衍生品的第一批投资者之一,提前开始将资金转移到美国以外,以避免美国债券市场最糟糕的下跌行情。

债券投资:如何进行债券交易

与其他理财工具相比,债券的收益相对稳定、安全系数较高,越来越多的"80后"投资者开始投入债券投资。

1.开户

投资者要进入证券交易所参与债券交易,选择一家证券公司,并在该公司办理开户手续。填写开户信息包括投资者的姓名、住址、年龄、职业、身份证号码等。

2.开立账户

投资者与证券公司签订开户合约之后,就可以开立账户,为债券交易做准备。投资者要进行债券的买卖交易业务,因此一般同时开立现金账户和证券账户。

3.委托

投资者在证券公司开立账户以后,还需要与证券公司办理证券交易委托关系,这是一般投资者进行证券交易的必经程序。

4.成交

证券公司在接受投资客户的委托并填写委托说明书后,就要由其在交易所内的驻场人员迅速执行委托,促使该种债券成交。

(1)债券成交的原则

在证券交易所内,债券成交就是要使买卖双方在价格和数量上达成一致,同时必须遵循竞争原则。

竞争原则的主要内容是"三先",即价格优先、时间优先以及客户委托优先。

价格优先是指证券公司按照交易最有利于投资委托人的利益的价格,对债券进行买进或卖出操作。

(2)竞价的方式

证券交易所的交易价格按竞价的方式进行,竞价的方式包括口头唱报、板牌报价以及计算机终端申报竞价 3 种。

5.清算和交割

债券交易成立以后就必须进行券款的交付,这就是债券的清算和交割。

(1)债券的清算

债券的清算是指对同一证券公司在同一交割日,对同一种债券的买和卖相互抵消,确定出应当交割的债券数量和应当交割的价款数额,然后按照"净额交收"原则办理债券和价款的交割。

(2)债券的交割

债券的交割就是将债券由卖方交给买方, 将价款由买方交给卖方。

6.过户

债券的过户是债券成交并办理了交割手续后的最后一道程序,通过过户手续可以将债券的所有权从一个所有者名下转移到另一个所有者名下。

债券过户的基本流程如下:

【理财密码】

对于债券的买方,则在其现金账户上减少相应的价款,同时在其证券账户上增加债券的数量。

（1）债券原所有人在完成清算交割之后,领取并填写过户通知书,加盖印章后随同债券一起送到证券公司的过户机构。

（2）债券新的持有者在完成清算交割之后,向证券公司索取印章卡,加盖印章后送到证券公司的过户机构。

（3）证券公司的过户机构收到过户通知书、债券以及印章卡后,对其进行审查,如果手续齐备,则注销原债券持有者证券账上相应数量的该种债券,同时在其现金账户上增加与该笔交易价款相等的金额。

案例1:要理财,就要先学会自律

很多"80后"的人毕业之后一直过着随心所欲的生活,直到买房结婚生子的时候才发现积蓄太少,其实从进入职场之后,就应该开始学习理财,对于自己的账户做到心中有数,对自己的发展进行规划,这样未来的人生道路才会越走越顺利。

小吴初入职场的时候,每个月都四处游玩、吃喝,虽然不会欠债,但是基本上也属于"月光一族"。工作第二年,小吴谈了个女朋友,开支一下子大了很多,虽然自己的开支有所收敛,但是和女朋友一起的时候样样开销小吴都要抢着付钱,一个月下来小吴的日子也过得紧巴巴的。

小吴的女朋友也是个比较会过日子的人,看小吴每次都带她吃喝玩乐的,开支也不小,于是跟他说:"咱们年纪都不小了,如果结婚生子,会需要很大一笔资金的,咱们以后可以适当减少不必要的开支,你除了可以存一点钱在银行,还可以购买一部分债券,虽然收益没有股票高,但是相对收益也是比较稳定的。"

小吴一听也确实在理,于是也开始学着存钱了,在女朋友的督促下,小吴每个月的工资除了存银行外,小吴还会拿出一部分钱用于购买债券,虽然债券赚得不多,但是要比存银行强得多。

　　4年之后,小吴顺利地和女朋友结婚了,除了婚房的钱是父母出的首付外,其他装修的费用以及婚礼的费用全都是小两口自己出的钱。在婚礼上,小吴特别感谢当年女朋友的点拨:要想理财,就要先学会自律。

第八节　财富名人榜——德鲁拜·安巴尼

　　1932年，德鲁拜·安巴尼出生于古吉拉特邦西部的一座小城。他是一名贫穷教师的第三个儿子。这名成绩糟糕，数学尤其差的学生从小热爱冒险，性格强悍。童年时以捉蛇为乐。

　　1949年，德鲁拜追随长兄到也门共和国打工，在壳牌公司的加油站做一名服务生。在也门，德鲁拜初次显露出他的投机能力。通过一个偶然的机会，德鲁拜发现一种也门银币含银量价值居然高于它的面值，于是开始大量兑换这种银币，把它们熔化后提纯，铸成银条出售给伦敦的贵金属中间商。由于银币在市面大量流失，德鲁拜的初次"创业"在三个月后被政府发现而被迫停止。不过，德鲁拜也已藉此进账数十万卢比，获得了自己的"第一桶金"。

　　1959年，德鲁拜回到印度，在孟买和一个表兄用1.5万卢比创办了信实商业公司，从事香料和纺织品出口生意。他们位于拥挤市区的办公室只有一部电话、一张桌子、三把椅子和两名员工。如果德鲁拜、他的表兄和两名雇员都在公司，会因为少一把椅子，使得其中一人只能去走廊里喝茶的地方待着。

　　1966年，德鲁拜的公司在艾哈迈达巴德成立了一家纺织厂，开始进入纺织行业。在接下来的10年里，他不遗余力地在印度推广自己的品牌。据说，德鲁拜曾经在一天里主持了100家连锁店的开张仪式。

1981年，英迪拉·甘地政府决定发放聚酯纤维的生产许可证，400家印度企业提交了申请。只有两家企业得到了许可证,德鲁拜的"信实"独占了1万吨年产量的生产许可。一年之后,由于政府两次抬高生产原料聚酯切片的进口税,另一家得到6 000吨许可的奥凯丝织品公司不得不放弃生产。

1992年,信实公司成功登陆纽约证券交易市场,成为印度第一家进入国际资本市场的企业。5年之后,信实在国外成功地发行为期100年的债券1亿美元和30年期债券2.14亿美元，创亚洲有史以来的最高纪录,信实由此跻身于IBM、可口可乐和迪斯尼等发行世纪债券公司行列。

信实集团在化纤、石油化工、石油提炼、石油开采、电信、电力、金融服务、对外贸易、生命科学等领域打下了坚实的基础。此外,该财团的收入也从商品销售转向金融服务这样的新兴产业。信实集团的资产一度达到印度GDP的4%。

2002年,德鲁拜因心脏病突发去世。

名人轶事

　　德鲁拜·安巴尼的独特之处,在于他性格中强悍、无情的一面总是和他的谦逊、温和交替或者同时出现。在信实位于孟买市中心的总部,德鲁拜命令他的保镖和秘书不得阻拦任何一个来自他家乡村庄的乡亲来见他,并且不需预约。他许诺为任何一个想到城市谋生的乡亲找到工作。在一则印度媒体的报道里,作者记述了德鲁拜如何亲切地拥抱一位起初被挡在门外的家乡老汉,并和他花了一个钟头的时间回忆他们"童年时一起爬椰子树的快乐时光"。

　　1983年德鲁拜的小女儿结婚时,他邀请了1.2万名工人来参加婚礼。

第三章　印度与中国
财富、经济对比

　　印度是世界上发展最快的国家之一。国民收入、财政收支状况和基础设施建设均有改善。但农业增长缓慢，通膨压力加大。2008 至 2009 财年经济增幅从此前高于 9% 的增速下滑到 6.7%。2010 至 2011 财年（截至 2011 年 3 月 31 日）国内生产总值同比增长 8.5%。

财富小百科

理财早已经不只是有钱人的事儿,理财不是富人的专利,穷人也从来不缺少野心,都会有成为富人的梦想。成为富人首先要从理财开始,并且首先要转变理财的思想。

如果你的家人给你1万元1年的家庭生活开支费,普通的家庭主妇都会把钱平均分配到家里每个月的生活开支上,然后把钱分好按照计划每个月每个月地花掉这1万元的生活费。但是懂得理财的家庭主妇,不会觉得这1万元钱的家庭生活费少,不值得一理,她们会先留够两个月的生活费,然后把剩下的钱拿去购买短期理财产品,然后在需要生活费的时候再从中兑现出一部分,再接着下一轮的投资理财。

创造财富其实没有你想象中的那么难,从你转变传统理财观念的时候起,你就越来越接近财富。

第一节　中国印象

　　"黎明像雷鸣般从中国闪出越过海湾呈现!"这不是政治口号,而是吉卜林描绘曼德勒沿途自然风光的诗句。而随着1949年中华人民共和国的成立,许多印度的实践主义者的政治知觉被这种对来自中国黎明的动人描述所吸引。把印度与中国对比和从中国的经历中吸取经验,成为印度政治的主要关注点。

　　事实上,通过与中国的对比来判断印度的成功和失败是很自然的事。这类比较有些是理论上和学术上的——即使不明显;而另一些专门用于加强某些政治争论,确实产生了很大影响——有时成为某些革命的原因(特别是形成了信仰毛泽东的政党)。其至与印度的议会制政体融为一体的非革命的"左派"政党,也持续关注中国的经济和社会成就——为了从中寻找如何使印度更快前进的经验和指南。

　　从1979年经济改革以来,相当多的政治评论员和倡议者越来越多地引用中国的例子,这些人热衷于推进

【走近印度】

　　自独立以后,在除农业外的其他各经济领域内,印度在继续扩张本国私人资本并有限制地引进一些外国资本的同时,重点通过接管、收买和财政投资等途径新发展起国家垄断资本主义,即所谓"公营"经济,并逐渐在国家经济中占据主导地位,主要集中于重工业、水利电力和交通邮电等部门,垄断了全部军工、能源、铁路和造船业,控制了钢铁生产的3/5,对外贸易的1/2,在机械、电子、食品、制药、化工等部门也占据重要地位。

自由化——使印度融入世界经济。中国成功的自由化进程和大规模的国际贸易越来越被认为是印度效仿的楷模。赞同市场的新"黎明"可能与纳赛尔派分子顽强奋争所梦想的大相径庭,但对许多人而言它也"像雷鸣般从中国闪出越过海湾呈现"。

中华人民共和国成立于1949年10月,比1950年1月印度联邦共和国宪法生效的时间不过早了几个月。印度的领导者——当时与中国关系很好——倾向于淡化中国范例的竞争价值,认为两个国家的经济发展和政治改革在精神上是一致的。正如贾瓦哈拉尔·尼赫鲁在1954年的一次演讲中所说的:"在中国和印度发生的这些新的革命性变化,尽管在内容上不同,但都代表了亚洲的新精神,显示了亚洲国家的新生命力。"

认为中国有许多可学习的经验的感觉来得迅速而强烈。在许多人看来,巨大的贫困和经济上的不幸使中国政治上的激进主义与印度极为相似。中国是世界上人口与印度相当的

唯一国家,有类似的贫困和不幸。事实上中国寻求对社会的革命性改造的解决方法,对次大陆的政治理念产生了深远的影响。同样,此后中国选择市场改革和融入世界经济的政策,在印度

获得了广泛的反响，而那些比印度小得多而且与印度相当不同的国家和地区如中国香港和台湾、新加坡以及韩国，早已运用过这些政策。从革命启发到改革者的热情，中国一次又一次赢得印度的注意。

我们现在认为印度确实要多向中国学习。但是重要的是要清楚中国成功的基础以及它的麻烦和问题的根源。首先当

【走近印度】

一般说来，在印度这样的国家里，"公营"企业对重工业和基础设施的建设确实起了历史性的重要作用，这些部门均属投资大，周期长，利润率低，是私营企业无力或不愿承担的，但对国家却是必需的。因此，"公营"企业尽管本身经济效益不佳，但客观的社会效益仍不应低估。不过从另一个角度看，"公营"企业经营不善，效率低下，除石油业外一直长期亏损，拖了国家在经济上再上一个台阶的后腿，在印度也是人所共见的事实。

然必须区别和对比不同时期的中国经验，尤其是1979年实行经济改革之前和之后。除此之外，注意不同时期各项成就间的相互依赖也很重要。我们认为，特别是改革前中国在教育、保健、土地改革和社会变化方面的成就，对改革后的成绩做出巨大的积极贡献，使中国不仅保持了高预期寿命和其他相关成就，还为基于市场改革的经济扩展提供了坚定支持。

第二节　生存和死亡的情况

1949年政治变革时,中国的生活条件与当时印度的情况大致相差无几。两个国家都属于世界上最穷的国家之列,死亡率、营养不良和文盲程度都很高。尽管对当时印度或中国的生活标准的概括有较大的出入,现有的证据仍很难支持在20世纪40年代末期两个国家间早已存在大差距的观点。

但从那以后,两国间出现了惊人的差异,甚至在人均实际收入上也是如此。由于价格水平不同,人均国民生产总值的数字难以用来进行国际间的比较,但近来估计人均国内生产总值使用了购买力平价指标,在一定程度上使得此类比较成为可能。这些评价显示中国的人均国民生产总值是印度的两倍。如果说20世纪40年代末中国和印度都相对较穷,那么现在它们的差别相当大。

联合国儿童基金会(儿基会)在2009年9月13日宣布,在世界近代历史上,5岁以下儿童的死亡人数首次降到1000万以下,特别是中国在降低儿童死亡率方面成就显著。

儿基会指出,5岁以下儿童死亡率在亚洲的降低有助于带动全球儿童死亡率的下降。自1990年以来,中国5岁以下儿童死亡率已经从千分之四十五降至2006年的千分之二十四,下降47%。目前发达国家的这一数字为千分之六。

第三节　基础教育上的差异

中国的识字率比印度高出很多。

运用最近的人口普查信息可以进一步验证这种鲜明对比。中国和印度在20世纪80年代初和90年代都认真进行了人口普查——印度在1981年和1991年,中国在1982年和1990年。

这四次人口普查都包括了详细的识字信息,有助于二者的比较。

首先,印度在基础教育方面比中国落后许多。1990~1991年印度的成人识字率中,女性为39%,男性为64%;相比之下,中国的女性成人识字率为68%,男性为87%。

第二,不同年龄的识字率上中国具有决定性优势。

1987~1988年,印度6%的男孩和8%的女孩是文盲,中国1990年的相应数字是3%的男孩和8%的女孩。也

【走近印度】

尤其是面对1980年代、1990年代初出现经济萧条、财政危机的严峻形势,1991年7月印度政府对40年来的经济发展政策作了大幅度的修改。其核心内容就是推进市场机制,改革在国民经济中占统治地位的"公营"部门,对之实行部分私有化,亏损企业则予以关停并转。除国防工业外一律向私营企业开放,并大力鼓励外国投资。同时放宽反垄断法,以加速私人垄断资本的发展。

就是说,中国的年轻人现在已接近全民识字;而印度的男孩尤其是女孩中仍存在大量的文盲问题。

第三,1981~1982年的人口普查数据显示,中国在70年代末开始大规模的经济改革运动前已领先于印度了。

80年代两个国家都取得了进步,它们的相对地位没有重大变化。因此,中国对印度的相对优势是改革前打下的基础的产物,而不是改革后的重新定向的产物。

第四,两个国家的女性识字率都远低于男性。性别差距在印度尤其显著,那里只有略超过一半的女孩能够读书写字。

中国由于年轻人接近全民教育,两性识字上的差距正在快速地缩小。

第五,两个国家内部各地识字率不同。地区差异很大程度上是因为女性识字率的不同所致。

某些邦或省份持续高水平的女性文盲是两个国家都关心的问题,尤其是印度。

第六,尽管两国都存在巨大的地区差距,中国的大多数省份的识字率比除克拉拉邦以外的印度其他各邦高得多。克拉拉邦的情况与印度的整体劣势形成鲜明对比。1991年它的成人识字率为90%,男性和女性青少年基本全部识字,不仅领先于印度其他各邦,也与中国最发达的省份类似。

实际上,克拉拉邦的女性识字率高于中国的任何一个省,农村男性识字率也高于中国所有省(1995)。

而且,克拉拉邦的年轻人群识字率没有性别偏见,这一点也做得比中国所有省份好。

系列研究中由V.K.Ramachandran(1996)对克拉拉邦进行的个案研究证明, 它在识字上的辉煌纪录是一百多年来公共行动的结果,邦政府和大众共同参与基础教育的普及活动。

第四节　改革前的成就

从改革前的中国和印度同一时期的人均国民生产总值增长率看,我们没法证明中国的增长率比印度快许多。当然,自从1979年改革后情况发生了变化,中国经济进入一段持续高速增长的辉煌时期。下一节中我们将谈到改革后的经历,但就改革前的时期而言,很难认为中国在人均国民生产总值、实际国民收入或国内生产总值上的确做得比印度好。

固然中国的官方统计数字宣称改革前国民生产总值增长率也很高,像世界银行等组织在发行的《世界发展报告》等文件中忠实地反映了这些统计数据。中国1960～1977年人均国民生产总值年增长率是5.1%,与之相比,印度同期的年增长率为1.3%。但这些数据与能得到的其他统计数据不一致,有时这种不一致就出现在同一份文件中。许多证据显示,就是直到1979年改革时中国的人均国民生产总值增长率比同期

【走近印度】

印度领导人表示:当前经济改革的浪潮席卷世界,"如果印度要生存下去,就不能落在后面"。必须"从根本上转向以韩国和东南亚国家作为指导经济的表率"。实施改革迄今虽然时间还不长,但已经取得了很明显的成效,表现在经济增长速度大幅提高,投资空前活跃,进入印度的外国投资(印侨占相当比重)从1991年的零激增至1995年的40亿美元和1996年的80亿美元,对经济发展起了显著的促进作用。

的印度高,这个差距也不是特别大。

中国这一时期的真正成就在于尽管经济增长缓慢,但它设法做了一些事,这些事不是只有通过经济的高增长才能够做的。例如,尽管人均可得食品增长不多,但是长期营养不良状况显著地减少了;正如Judith Banister(1987)所写的,"1977年人均年谷物产量与50年代末的产量大约相同:1955~1957年平均为301公斤,1975~1977年为305公斤"。营养不良状况减少的原因在于广泛的政府行为,包括再分配政策、营养支持,当然还有医疗保健(因为营养不良经常是由于寄生虫和其他疾病所致)。

改革前中国在健康方面的成就包括婴儿和儿童死亡率的显著下降以及寿命的明显延长。到1981年,出生时的人均预期寿命估计已高达68岁(与之相比,印度是54岁),婴儿死亡率是每千名出生儿37名死亡(印度是110名)。80年代健康和寿命上的进步是这些早期成就的延续而非新的起点。

之前已提过,中国在初级教育领域的突破,在70年代末开始的经济改革之前已经发生。例如,人口普查的资料显示,1982年15~19岁年龄组的识字率,男性已高达96%,女性85%(当时印度的相应数据为66%和43%)。80年代的发展继续并巩固了中国的领先。

第五节　改革后的记录

自从1979年改革以来,中国有了相当惊人的发展,经济增长率非常高。1980年到1992年间,中国的人均国民生产总值以每年7.6%的速度惊人增长。工业产品的年增长率超过11%,甚至传统上比工业增长缓慢得多——的农产品年增长率也达到5.4%。

产出和实际收入的高增长率使得用经济手段减少贫困和提高生活条件成为可能。与一个像印度过去50年里那样、大多时候每年蹒跚增长2%~3%的国家相比,消除贫困的机会在一个每十年人均收入翻一番的经济体里明显大得多,正如中国每年7.6%的增长率显示的。据估计,中国生活在贫困线以下的农村人口的比重从1978年的33%下降到1990年的11%(《世界银行》,1992)。这一下降是非常快的。尽管同一时期印度的农村贫困人口也显著下降,但幅度要小得多:从1977~1978年的55%下降到1988~1989年的42%。毫无疑问,中国在这一方面做得比印度好得多,中国更高的经济增长率是解释这种差

【走近印度】

在1960~1993年间,印度第一产业生产增长1.1倍,第二产业增长4.7倍,经济结构发生了明显变化;期内前者占国内生产总值的比重由50%降至31%,后者从20%升至27%,总的看来还是一个发展中的农业—工业国,工业化水平仍有待进一步提高。

别的最大原因。实际上，改革后的中国并不是一个努力进行大规模再分配的时期，现有的证据显示收入的不平等在实行改革之后可能是加大了而非缩小了。20世纪80年代中国的贫困迅速减少是由于参与式增长而不是因为激烈的再分配。印度80年代经济增长有所加快，经济不平等现象没有什么变化，这些趋势与按人员计算的贫困指数的显著下降相一致，但相对来说贫困仍没有大幅减少。

这种评价贫困的方法依靠所谓的按人头计算的指数，它是指人均收入（或支出）低于特定的"贫困线"的人口比例。它将贫困定义为收入或支出不足，这不是很恰当，因为贫困有许多不同的形式——除了个人收入外还有许多不同原因（例如公共医疗卫生服务和社会保障系统等）造成基本能力不足。而且，即使是以收入为中心的人数计量法，对低于贫困线的水平和收入的不平等亦不灵敏，要更好地理解收入贫困，需要有对分配更灵敏的衡量贫困的方法。

当然，即使我们采用了更广泛的衡量贫困的方法，人口比率趋势仍有明显的信息价值。考虑到缺少收入经常强烈地限制了人们的生活，改革后中国收入贫困的减少是项重大成就。但是这一发现需要诸如死亡率和生活条件的其他指标数据作为补充。

财富世界行
CAI FU SHI JIE XING

【走近印度】

农业是印度最主要的经济部门，集中了全部劳动力的65%，农业生产总的规模仅次于中、美两国，居世界第三位。自独立以来，印度农村的生产关系有了一定的改善，生产技术有明显进步，单位耕地面积上的化肥消费量和农机数量均增加了几十倍，农业产值的年均递增率达到2.7%，比独立前25年快了将近10倍，人均粮食产量也提高了大约1/3；70年代中期以前，印度差不多每年都要进口一些粮食，而此后即已在较低消费水平的基础上实现了自给，甚至有余，茶叶、糖、香料和水产品的出口量亦比过去有大幅度的增长。

实际上，尽管改革前预期寿命增长、婴儿死亡率降低以及文盲的减少等生活条件的提高在改革后得到巩固和发展，在某些重要方面，相对于(1)改革前的剧烈转化，(2)改革后在提高收入水平和减少贫困人数方面获得的成就，(3)70年代末以来许多其他国家和地区在相同的发展阶段的成就而言，1979年以来这些领域的进步速度还是相当平缓。

可以看到，尽管中国在20世纪60年代和70年代发生了引人注目的转变（开始时中国的婴儿死亡率和预期寿命与印度水平相同，但是20年之内赶上了克拉拉邦、斯里兰卡和韩国），但改革后的进步速度并不那么显著。实际上，按照国别比较法，中国在此期间做得并不是特别好。例如，1981到1991年间中国的预期寿命仅增长了1.6岁，相比之下，斯里兰卡增长了2岁，韩国是4岁，克拉拉邦是4.6岁，印度整体增长了5.3岁。

与克拉拉邦的对比特别有启发意义。70年代末中国和克拉拉邦的婴儿死亡水平相当，中国的预期寿命比克拉拉邦略高一些。80年代克拉拉邦的婴儿死亡率从每千名37人进一步下降到16.5人，预期寿命增长了4.6岁；而中国的婴儿死亡率仅从37人降到31人，预期寿命增长了不到2岁。如果我们还记得80年代中国的商品生产大幅提高而克拉拉邦的经济严重停滞，这种反差就更惊人了。

前面的观察指出这样一个事实：经济增长在提高某些方面的生活标准的作用上比另一些更有效。改革后中国的问题领域正是

那些光靠收入的增长无法快速改善的地方。80年代中国的私人收入快速增长，但公用设施的进一步发展并不成功，尤其是在较贫穷的农村地区。

这有几方面的原因。第一，改革后从经济活动产品集体优先占有的体制（如改革前的公社制）转变为地方公用设施由私人收入的税收融资（这种方法产生了激励和行政壁垒等问题），这在某些方面破坏了地方公用设施的财政基础，尤其是那些经济增长相对缓慢的地区。第二，私有经济的迅速发展诱使人力资源离开收入机会低得多的公共部门（如教师和医生等）。第三，有证据表明政府普遍公平地提供公用设施的承诺减少了。症状之一是在社会服务设施公共部分的管理中扩大使用"企业责任制"模式，普遍采用使用者付费以保证收回成本。

由于上述和其他一些原因，中国大部分农村地区的公用设施在改革后有所收缩。例如，农村医疗设施完全私有化。不论改革后这些发展的负面效果如何，总而言之，它们明显被私人收入迅速增长的影响所掩盖，因为生活水平总体持续提高。但是这种紧张的结果抵减了中国某些社会成果的进步速度——正当它在刺激经济增长上的成就如此出色时。

　　这一推理不是要怀疑中国在改革后取得的成就的价值,而是认为中国在收入上的进步被它在社会领域对公用设施管理方法的改变所冲淡。这一进步本可以从快速的经济增长中获得更多可用资源而得到进一步发展的,这些观察也使我们提防"轻蔑地批评"中国在改革前已经做的事。我们需要仔细观察改革后中国经济快速增长的潜在因素,以进一步支持那个总体结论。

第六节　改革前和改革后的成绩

在解释改革后中国经济扩展的性质时,基础教育在全国的普及有着特别的意义。最近关于发展的文章中大量分析了普遍教育在促进快速和广泛分享的增长中的作用,尤其是那些有关东亚经济体的。中国在改革前就在这方面采取了大量措施。之前已提到的事实是,到1982年中国15～19岁年龄组的男性识字率已高达96%,而同年龄组的女性识字率也达85%,使共同分享的经济扩展成为可能,而当时的印度是无法达到的——即使现在印度也很难做到。

改革后的扩展从改革前的成就中受益的另一个领域是土地改革,它被认为是东亚总体经济发展的重要因素。当然,中国的情况比土地改革更复杂,改革前农村公社的发展是农业扩展的大障碍,甚至直接促成了1958～1961年的大饥荒。但是集体化进程与其他事件一起防止了中国土地地主所有制。当中国政府在70年代末实行"家

【走近印度】

印度的农业以种植业占绝对优势,其中又以粮食作物为主,大约占农作物总播种面积的75%和种植业总产值的55%。从生长季节来看,印度主要分为大熟和小熟两季,前者称"哈里夫",在晚秋收获;后者称"拉比",在初夏收获;其种植面积约为2∶1之比。印度农作物种类繁多,其中花生、棉花、甘蔗、芝麻、高粱、谷子、杂豆、红黄麻、蓖麻、油用亚麻、腰果、槟榔等种植面积均居世界首位,稻谷、油菜、烟草、茶、香蕉等居第二位。

庭联产承包责任制"时，国家有现成的土地供个人耕作使用一定期限，而没有土地占有高度不平等问题带给社会并导致经济无效率，这与印度形成鲜明对比。

有意思的是，使东亚受益的（尤其是基础教育、医疗保健的扩展和地主所有制的废除）参与式经济增长的制度性发展，在不同地区有不同的方式。有些地方，例如中国台湾地区和韩国，甚至是在外国占领军的帮助下进行土地改革。中国改革前的制度有自己的目标和承诺，执行的某些变革证明对改革后市场经济的扩展极有帮助。注意到这种前后关联，在充分解释中国近年来的成就上尤为重要。如果印度想在市场成就上超越中国，仅像中国一样放宽对经济的控制，而不创造改革后中国从改革前的社会改造中继承下来的社会机会是不够的。中国市场的"魔力"在于先前社会变革的坚实基础，印度不能单单期待那种魔力而不进行社会变革——在教育、医疗保健、土地改革等领域、层面，这些改革帮助确立了中国的市场功能。

第七节 饥荒和脆弱性

印度的民主体制有很多缺点，但是根本上更适合处理饥荒。在解释饥荒和防止饥荒时，有个值得考虑的更大的问题。

中国经济和公共政策的成功主要依靠领导者的关心和承诺。

由于它强烈承诺要减少贫困和提高生活水平——在马克思主义的信念和理想中占了重要地位的承诺——中国确实取得了许多成就，那是印度领导者无法通过强力迫使或努力追求可以达到的，因此印度消除普遍的饥饿、文盲和疾病的努力正是因此以失败告终。

当国家行为的方向正确时，成果是相当显著的，像改革前中国取得的社会成就所证明的那样。

印度是极少数在工业化之前便实施民主政治的国家，被西方誉为"最大的民主国家"。

1947年印度独立后，便将英国殖民主义时期确立的议会制度全盘接受下来，并在此基础上不断加以修订完善，

【走近印度】
　　稻谷是印度最重要的粮食作物，大约占粮食总产量40%，在世界上亦居第二位。其分布十分广泛，而以东半部年降水量超过1 150毫米的湿润冲积平原最为集中，但这些主要稻谷产区因人口密度过高，消费量大，反而成了国内的缺粮区。

它在形式上是与西方特别是与英国的民主政治体制基本上是一致的。

这套制度的雏形早在19世纪中叶英王接管东印度公司以后就已经开始实行，印度的政治精英和官僚阶层对这套政治制度既熟悉又欣赏。

因此，在英国殖民主义者向印度和平移交政权的同时，印度的统治阶级也自然而然地承袭了它所建立的议会民主制度。

新加坡前总统蒂凡那用钟打了个贴切的比喻：英国离开印度时，印度人把钟修理好，钟还是英国钟，却以印度的方式走动。

印度有一部完善的规定议会民主政体的宪法，这是印度民主政治的标志。

经过多次修订，这部宪法多达395条，1 000多项具体条款，号称"世界上最长的宪法"。

印度宪法以国家根本大法的形式从政治上确定了资产阶级在国家中的统治地位，同时规定公民的平等权、自由权、文化教育权和私有财产不可侵犯权。

印度的粮食产量确实比中国低很多，但这并不是因为印度的农业水平比中国落后N倍，也不是印度要发生饥荒的标志，而是因为市场的限制，也就是说印度的市场就只能消费这么多了，虽然多出来的可以用于出口，但也要考虑出口成本和外国市场的因素。当然，印度的粮食消费量比中国低很多，有饮食习惯的原因，也有购买力的原因。世界其他地区也一样,有可能部分地区的部分人因为购买力不足而发生饥饿,但绝不可能因为粮食生产能力不足而发生饥荒!饥饿和饥荒完全是两码事。

从建国后到1998年,我国的粮食产量呈迅速增长的趋势,是粮食生产技术发展的原因,这个没错。但从1998年之后,我国粮食产量就停步不前,甚至略为减少,是因为粮食生产技术已经到了极限,同时耕地面积减少的缘故。实际情况是,1998年左右中国的粮食生产已经供过于求,导致粮价下跌,农民收入减少,于是很多农村青壮年大批进城打工,导致农村只剩下老幼病残,耕地大量抛荒,一些内地省份的耕地抛荒率竟接近50%。

综上所述,无论对于中国,还是印度,还是其他发展中国家来说,提高下层民众的收入,以减少因为购买力不足而发生饥饿的情况,是具有重大意义的。但那些认为粮食生产能力已经接近极限,需要不惜代价地增加耕地或减少人口以避免饥荒的说法,则完全是基本知识的缺乏,请不要侮辱现代农业科技!农业科技发展的速度远远快于人口增长的速度,饥荒的时代和实行粮食配给制的时代已经永远过去了,除非发生大规模的人祸。

第八节　政治、人口和生育

　　经常有人,尤其是国际上的激进分子,提议印度在人口政策方面应当仿效中国。中国采取了非常严厉的措施强制降低出生率,考虑到当今国际上许多领导者都持有的对"全球人口问题"的危言耸听的看法,中国这方面的成功得到广泛地研究和赞赏。

　　像中国(或印度)这样的国家"人口危机"到底有多危险,是一个有争议的问题。实际上,关注人口快速增长的问题,兼具对问题实质的精彩争论和误导性诠释。误解之一来自人口增长与经济增长的关系。有时人们认为限制人口增长是提高人均国民生产总值(或阻止其下降)的重要手段,然而事实上,对于像中国和印度这样的国家,人口政策的更大影响是全球性的。

> **【走近印度】**
>
> 　　小麦是印度另一种重要的粮食作物,也是"绿色革命"中推广先进生产技术、予以重点发展的对象,其产量增长速度大大超过其他农作物。独立初期小麦仅占印度粮食总产量10%,目前已提高到30%,对国家实现粮食自给起了关键性的作用。小麦主要分布于西北部平原。

　　如果中国的人口增长率与印度一样(即为2.1%而不是1.4%),它的人均国内生产总值增长率(假设国内生产总值的增长率不变)只会从每年7.7%降到7.0%。同样,如果印度将人口增长率降到1.4%(像中国那样），它的人均国内生产总值的增长率只能从3.1%上升到3.8%。中国和印度人均收入增长率间的对比，主要是因为中国的整体收入增长率快得多，人口增长率的差异相对来说作用不大。

这并不意味着不需要关注人口的快速增长。我们有很充分的理由关注这个问题，例如，基于环境的考虑（尤其是人口压力对地方环境的冲击）。自从1979年改革以来，中国在大部分地区实行诸如"独生子女政策"等强制方式，政府也经常拒绝给予多子女的家庭住房和其他补助——从而不仅惩罚了不服从的父母也惩罚了孩子。到1992年，中国的出生率急降到每千人19，相比之下印度是每千人29，印度和中国以外的其他发展中国家是每千人37。

许多评论家指出，中国在节育方面取得了印度无法做到的某些成就。这是事实，从全国平均水平看，很容易发现中国2.0的低出生率限制了人口增长，这是平均出生率为3.7的印度没有做到的。

克拉拉邦成功地减少出生率，是建立在一些正面成就的基础上，而不是在贫穷的经济体中以高压手段降低生育率。现在克拉拉邦的婴儿死亡率（16.5）比中国（31）低得多，而中国开始实行独生子女政策时两个国家的婴儿死亡率相同。此外，中国男婴死亡率（28）比女婴（33）低，克拉拉邦的情况正好相反，女婴死

【走近印度】

印度国土辽阔，各地的自然条件和社会经济不尽相同，降水状况相差尤大，因此农业生产也具有明显的地域差异。一般可把全国划分为四大农业区。

亡率（16）比男婴的略低（17）。

不时有人争辩强制节育重要且必须，它通过高压手段能够降低出生率，这是自觉行动无法达到的。但是克拉拉邦的出生率从1950年代的每千人44降到了1991年的每千人18——下降得并不比中国慢。

印度的民主在很多方面有缺陷，但是不能以减少体制的民主来纠正缺点。赞赏中国多方面的成就，有区别地学习而不简单仿效的做法是可能的。

在议会民主制度下，印度各党派为了争取权力，目标直接指向议会的议席多少。印度政党之多可谓世界之冠，根据印度选举委员会的报告，印度第一次大选时，全国政党总数为192个，今年的大选已有多达400多个大小政党报名角逐，参加投票的选民可能超过5亿。

印度普选制下的社会动员迅速激发了广大民众的民主意识和政治意识，拓宽了政治参与面，并使印度成为一个高度政治化的国家。在大选中，印度民众始终保持了较高的政治热情，选举的结果基本上反映了民意。参加投票选民的比例一般都超过了60%。现在的5亿选民中，有3亿参加投票。民众普遍参与国家的政治生活，不仅逐渐扩大了社会各个层面民主体制的建立，使各级选举形成了制度化；而且打破了印度传统社会中特有的封闭性和落后性，促进了社会的变革和开放，这无疑代表了社会的进步方向。

议会民主制把各种政治力量纳入了合法的政治斗争轨道，从而避免了大规模暴力革命的发生。在迄今为止已经举行的13次大选中，每一次选举都保证了国家政权的平稳更迭和政府组成的合法性。这在一定程度上表现了民主政体对社会矛盾的缓解和调节能力。虽然20世纪80年代末后印度曾出现过一个政局不稳的较长时期，但这种不稳定不会影响到整个国家机器的正常运转，也不至于影响到国家重大政策的连续性，更不会出现中央政权垮台的局面。这一方面是因为具有较大弹性及调和能力的民主政治体制具有保持政治基本稳定的能力；另一方面，印度在国家的政治活动中较好地保持了文官治国和军不干政的传统。军队始终保持了对国家的效忠，这是保持政治稳定和国家统一的重要力量。

从半个多世纪的实践来看，尽管国内的政治力量对比和政治格局发生了重大的演变，民主政治经历了各种严峻的考验和挑战，但是它已在印度的政治生活中扎下了根基，得到了社会各个阶层，特别是新兴中产阶级的广泛认同，因为它们都在不同程度上与这种制度建立了利害关系，都想通过这种制度分享一部分国家权力。民主政治一旦实行，除非它极大地损害了势力强大的既得利益集团的利益，否则很难取消。

印度是世界上受宗教影响最深的国家之一，宗教的影响深入到它的社会与文化的每一部分。宗教在这个国家及其绝大部分人民的生活中扮演中心和决定性的角色。

印度是一个宗教色彩非常浓厚的国家，宗教也众多，几乎能在印度找到世界上所有的宗教，被称为"宗教博物馆"。其中最重要的宗教是印度教，全印度有约83%的人

口信仰印度教。印度教可以追溯到公元前16世纪雅利安人创立的婆罗门教，公元8世纪左右，商羯罗吸收了一些佛教和耆那教的教义，发展成为印度教。该教综合了多种信仰，非常复杂。

印度教将人分为四个种姓：婆罗门、刹帝利、吠舍和首陀罗，婆罗门的地位最高，其余种姓的社会地位依次降低。各种姓都有自己的道德法规和风俗习惯，一般不能互相通婚。除了这四个种姓以外，还有一种被排除在种姓之外的人——贱民，即所谓"不可接触者"，圣雄甘地将贱民称为"哈里真"（意为神之子），印度独立后统称"达利特"（意为受压迫的人）。他们的社会地位最低，最受歧视，好像被排斥在社会之外。印度教种姓制度下的妇女地位低下，支持童婚，寡妇的境遇悲惨。种姓制度把印度教社会分成若干社会集团，集团之间有高低之分，贵贱之别，给印度社会造成了非常恶劣的影响。虽然印度经历了经济的现代化以及制订有关禁止歧视和结束阶级结构的法律，种姓制度在印度社会的地位依然重要。

伊斯兰教是印度的第二大宗教，13.4%的印度人信仰伊斯兰教。由于印度人口增长速度很快，印度已经超过印度尼西亚，成为是世界上穆斯林最多的国家。伊斯兰教是在公元8世纪随着阿拉伯帝国的扩张而传播到印度的，公元10世纪后，北印的大多数王朝统治者都是信奉伊斯兰教的，特别是莫卧儿王朝，印度也因此留下了相当多的伊斯兰教建筑。作为外来宗教的伊斯兰教和本土的主要宗教印度教在印度导致了一系列的宗教冲突，印巴

【走近印度】

畜牧业在印度农业总产值中的比重仅为1/4。牲畜头数中牛约占一半，达2.7亿头，是世界上养牛最多的国家。但因饲料不足，又缺乏科学管理，故生产性能很低；加上印度教视牛为"圣兽"，只准饮其奶，不准食其肉，老牛任其游荡，造成资源的极大浪费。近年来，印度加强对畜牧业的改造，牛奶增长尤为显著(1979～1981年占世界总产量3.2%，1995年已占6.7%)，对改善国民营养状况起了很大作用而赢得"白色革命"的美誉。

分治局面也是因为印度教和伊斯兰教的矛盾造成的,在印巴分治时造成了宗教仇杀的惨剧。在现代,印度这两个主要教派依然存在深刻的矛盾。锡克教、佛教和耆那教都是起源于印度的宗教,不仅在印度,在全世界都有一定的影响。基督教、祆教、犹太教和巴哈伊教也是有影响的宗教,但人数稍少。

尽管宗教在印度的影响很大,但是也有不少人接受无神论和不可知论。

第九节　印度从中国学到的实际经验

不论"黎明"会不会"像雷鸣般从中国闪出越过海湾"呈现，只要有鉴别力，就确实可以从中国的经验中学到许多。第一，也许最初和最明显的经验是，在经济贫穷的地方有效利用市场体系而不丧失对经济发展和消除大面积贫困的政治承诺被证明是可能的。被极度的贫困困扰的印度人民经常对市场机制的作用持怀疑态度。从某种意

义上说这种怀疑是正确的，他们确实认为市场机制本身在消除印度的贫困上作用有限——如果自由化伴随着对其他社会进步条件的持续忽视的话。但是中国的经验令人信服地证明了在适当的辅助手段下，一个繁荣的市场经济大大有助于大众脱离贫困，改善生活条件。赞赏中国数十年来其他成就的人不能对这一相当重要的信息熟视无睹。

第二，中国的经历也说明了扩展社会机会的两个重要基础间的互补作用，即（1）支持性的政府干预，尤其是对于像教育、健康保健、社会保障和土

地改革等领域的干预, (2) 市场机制——贸易和生产活动的有效基石。我们讨论过改革前在这些方面取得的成就如何帮助中国在改革后保持和促进建立在市场基础上的社会机会。

【走近印度】

　　印度东北部稻谷、黄麻、茶叶区主要包括阿萨姆、西孟加拉、比哈尔、奥里萨4个邦,总面积约58万平方千米,有耕地2400万公顷 (未包括休闲地,下同)。本区主要位于恒河和布拉马普特拉河下游,地形以平原为主,仅周边有一部分丘陵山地,气候湿润,年降水量多在1250毫米以上。

　　第三,中国的实践的观点使它有别于涌向市场经济的其他努力。中国利用市场机制为社会和经济机会创造额外途径,而从未打算依靠市场本身作为独立的社会替代体制。没有令人屏息的使国有企业私有化的努力,也没有放弃管理权;取而代之的是集中精力为民营资本开发新机会,同时改革集体所有制企业的管理方法。虽然前苏联和东欧的私有化努力不能不威胁到很大一部分现存的劳动力,使他们深深感到不安,但是中国的改革建立在更积极的改革公共部门与扩展私有企业相结合的基础上。实践,使中国成功地体验了中国特色。印度要多学学中国设计者们非纯粹的实用主义。

　　第四,中国实用主义的经济政策包括追求经济增长和维持基本社会保障体系相结合。城市的社会保障建立在有保证的就业和企业的持续社会责任基础上。在实行农村改革时(建立在新的强调"家庭责任制"的基础上),土地仍是集体所有,农村里的每个成年人无论男女都被授予一定数目的可耕地。以土地为基础的社会保障措施很大程度上避免了出现一个没有土地的家庭的阶层,在一定程度上防止了极度的贫困。这种集体所有和个体使用相结合,是中国经济改革的一个特征。

第五，正是这种实用主义，使得中国以市场为导向的改革在提高收入水平和减少贫困上，比扩展公共设施服务（尤其是医疗保健服务）和依靠这些服务的社会机会上更成功。

向中国学习需要的不是分段式的仿效，也不是全盘照搬。通过对中国不同时期的政策与相应的成就间的联系进行因果分析可以学到很多经验。印度要有鉴别地向中国学习。

第十节　理财达人的致富之道

债券的交易方式

债券的买卖方式大致有以下4种。不同的买卖方式其过程也各有不同。"80后"投资者要熟悉这几种交易方式，选择最适合自己的方式。

1.现货交易

债券现货交易又称现金现货交易，是传统的交易方式，投资者应先按市价买入债券，然后可以在很短的时间内办理交割，从中赚取差价。

（1）买入债券

投资者可以委托证券商申报买入，买入债券后，证券商就会打印证券存折，以后即可凭证券存折再行卖出。

（2）卖出债券

实物债券，在卖出之前应将其交给开户时的证券结算公司或在全国各地的代保管处进行集中托管，当然也可委托证券商在收到结算公司的记账通知书后打印债券存折，投资者即可委托该证券商代理卖出所托管的债券。

2.回购交易

债券回购交易是指债券持有方(卖方)和买方在达成一笔交易的同时签订协议,在协议规定的时间内,卖方必须以协议约定的价格再从买方手中购回原先卖出的债券,并按商量好的利率支付买方持有时间内的利息。当然回购交易是相对于卖方而言的,对于买方则称为逆回购交易。

3.期货交易

债券期货交易是指交易双方成交之后,并不立即进行交割,而是按照期货合约中规定的价格, 约定在未来的某一特定时间进行交割。

当投资者估计自己的债券价格有下跌趋势,在想规避风险的同时又不想马上将债券转让出去,或者投资者估计某个非自己持有的债券价格有上涨趋势, 但由于不确定故不想马上将该债券购入,都可以委托券商来给自己和卖方进行撮合。

双方谈妥成交条件后,先签订成交契约(标准化的期货合约),按照契约规定的价格, 约定在估计的降价或涨价时间之后再交割,这样即可达到预期目的。如果情况和预计相反,则需要在合约到期前做两笔金额大致相等、方向相反的交易来对冲了结。

4.期权交易

期权交易是一种选择权的交易,双方买卖的是一种权利,即双方按约定的价格,在约定的时间,就是否购买或出售某种债券而预先达成契约的一种交易。

买卖双方通过经纪人签订一个期权买卖契约,按契约规定的价格、数量向期权卖方买入或卖出某种债券。

期权买方向期权卖方支付

【理财密码】

回购协议的利率是交易双方根据回购期限、货币市场行情以及回购债券的质量等因素商定的,与债券本身的利率没有直接的关系。一般而言,回购交易是卖现货买期货,逆回购交易是买现货卖期货。

一定的期权费,取得契约。买方有权按照契约规定向卖方买入或者出售债券,卖方不得以任何理由拒绝交易;如买方放弃交易,则损失购买期权的费用。

买方也可以将期权转让给第三方来转嫁风险。期权交易又有买入期权、卖出期权和套作期权 3 种。

投资债券讲策略

和其他投资一样,债券投资也要讲究一定策略的,"80 后"投资者也要懂得从前辈的教训中总结经验。

1.在一、二级市场的不同投资方法

在一、二级不同的市场,投资者可以采取不同的措施。

(1)在一级市场持有到期

债券发行时买入债券,在债券到期日取回本金与利息。持有到期时间长,风险就相对较大,因此投资者在投资时要考虑到偿还风险。往往国债最为可靠,但其回报率不太高。此外,在持有到期的同时还须考虑利率风险,尤其是通货膨胀而加息的时候。也就是说,长期债的风险更高,建议投资者买中短期债券为宜,尤其以 2 ~ 5 年期较为合适。

(2)在二级市场买卖

在二级市场投资者可以利用债券价格的波动,低吸高抛,获得差价利润。要从宏观和市场两个层面来分析市场形势。决定债券投资策略的首要因素是未来经济、物价走势,也就是要考虑加、减息等情况。

2.两种组合投资法

对于普通投资者来说, 梯子型投资组合法和杠铃型投资组合

法是两种较为常用的组合投
资法。

（1）梯子型投资组合法

假如有 5 种债券，分别是
1 年期到 5 年期的，而这时王
先生有 1 万元，他每种都买
2000 元。第一年王先生债券到
期时，用它再买进一种 5 年期的债券。如此反复，王先生每年都有
2000 元的到期债券。通过这种投资方法能不断地用到期的资金灵活
地享受最新的高利率，但尽量不要在债券到期前卖出债券。通常即
使利率下降，由于投资期限错开，风险也不会大。

（2）杠铃型投资组合法

这种投资模型具有两头大、中间细的特点，资金集中投资于短
期、长期债券上，除了中期债券。短期债券可以弥补长期债券流动性
差的特点，但长期债券是可以获得高利息。根据不同市场的利率水
平，投资者可调整长、短期债券的持有比例。市场利率水平上升的时
候，投资者可以提高长期债券的持有比例；反之，降低长期债券的持
有比例。

> **【理财密码】**
>
> 要关注市场中各券种收益率的变化情况，分析各种债券的收益率差距，买入那些收益率优势较大的品种。同时还须考虑影响市场的"预期"因素，尤其是长期债券，当预期收益率水平下降时，债券价格就会呈上升趋势。

第十一节　财富名人榜——普列姆吉

1946 年,阿吉姆·普列姆吉出生于印度,他的父亲经营一家"西印度植物产品公司",主要业务品种是食用油。

1966 年,由于父亲心脏病突发过世,年仅 20 岁的普列姆吉只得从斯坦福大学工程系退学,返回印度继承父业。父亲留给他的资产为 200 万美元,这为他提供了走向全球财富精英的第一级阶梯。普列姆吉逐渐扩大业务,并将公司更名为维普罗科技公司。虽说他刚步入商海毫无经验,却信心十足。

1979 年,IBM 公司被逐出印度,阿吉姆·普列姆吉认为这是一个大好时机,迅速进入计算机产业,积极地迎接新技术的挑战。

1980 年,普列姆吉从美国一家电脑公司获得许可证,开始组装电脑。他的思路很明确:一般的印度公司没有在售后服务上下功夫,他的公司要得到发展,一方面要在技术上领先,另一方面必须加强售后服务。从涉足电脑行业之初,普列姆吉就成了公司里的一位高级程序员,他喜欢自己动手。在维普罗科技公司的收入当中,有很大一部分来自脑力输出——为美国医疗设备编写电脑程序。普列姆吉的公司虽然进入计算机产业,在公司的总收入中 74% 来自电脑业,却一直没有放弃自己的传统业务。换句话说,旧瓶子虽然没扔掉,但瓶子

里面却已装上了新酒。

2000 年 2 月 18 日，印度股市爆出一个震撼世界的大冷门，维普罗科技公司的股票在连日飚升之后总市值达到 20 425.4 亿卢比，约合 475 亿美元。由于该公司主席阿吉姆·普列姆吉个人持有公司 75% 的股分，总资产达到 356 亿美元，使得他顿时成为世界上仅次于比尔·盖茨的超级大富翁。维普罗公司的原始股票每股原本面价值为 2 卢比，后来升到每股 2 880 卢比，近来又狂升到每股 9 600 卢比。

名人故事

普列姆吉认为，父亲留给他最宝贵的遗产是正直的品格。几十年来，他一直把父亲的教诲记在心头。他的办公室在大楼的顶层，他每天上班都要徒步爬上去，边走边与职员们聊天。在他看来，总裁也好，富翁也好，都不能成为他与员工或客户保持距离的理由。

普列姆吉可以称得上是"甘地式"的人物，衣食住行一切从简。每天午餐是从家里带来的印度人常吃的饼和蔬菜，还经常与身边的人交换分享。衣着、手表、汽车无一不是普通的印度货。出差在外，飞机要坐经济舱，旅馆要住普通的，根本看不出他是一个印度巨富。

他与公司职员很亲近，但在管理上却不留情面。孟买分公司有一个拥有相当社会背景的职员，他出差乘火车坐的是二等车厢，却要报一等车厢的钱，因此被普列姆吉当即解雇。

第四章 印度财富增长对中国的启示

　　中央和地方财政分立,预算有联邦和邦两级。每年 4 月 1 日至次年 3 月 31 日为一个财政年度。多年来推行赤字预算以刺激经济发展,中央和邦级债务累积占 GDP 的 80%。印度 2007 年侨汇收入世界第一。

　　理财讲究的是门道，不是每个人想通过理财赚取财富都会成功的。在所有投资者中，能够最终赚到钱并且成为富翁的人总是极少数。

　　贪心是投资致富最大的敌人。有些冒进的投资者总是想着通过简单的投资就实现财富的梦想，而且都是冲着200％甚至更高的投资收益率去选择投资，这样的投资者往往最终都会以失败告终。投资致富最大的敌人就是贪心，很多时候在投资取得较大收益的时候，不愿意放弃，总想着在下一个更高点再抛，就可以多赚好多钱，结果不但下一个高点没有出现，甚至每天都在下降，最优选择抛出的点比自己买入的点还要低，这样的投资是绝不会取得成功的。懂得适时地放弃，才是真正聪明的投资技巧。

第一节　应对饥荒和粮食安全问题

　　几乎没有人怀疑印度和中国的相似性，从已故的中印两国领导人毛泽东和尼赫鲁到今天的两国学者们，都认为中印两国有太多的相似性和可比性。印度和中国一样，有着几千年的悠久文明史，在遥远的古代，印度发明了完善的城市排水系统，首创了后来的阿拉伯数字中的"0"，他们对古印度的自豪不亚于中国对四大发明的自豪，证明其同样是智慧勤劳的民族；中国和印度在1840年前经济总量世界排名在前两位，只是到了工业革命后才被西方兴起的资本主义英国等赶超，然后印度逐步沦为英国的殖民地，中国一步一步地成为资本主义列强的半殖民地。两国在20世纪50年代左右先后独立，在经济上长期实行计划经济体制，又都在80年代前后开始经济改革，成为20世纪末21世纪初经济增长最快的新兴国家；两国又是世界人口大国，同处亚洲，同属发展中国家，又被视作最有可能成长为未来赶超美国的经济大国。我们且将两国能否成为经济超级大国以及是

【走近印度】

　　印度人口高度稠密，每一农户分摊到的耕地仅为全国平均数的60%，但复种指数则最高。全区以大熟作物占绝对优势，总种植面积中粮食占90%，其中稻谷又约占4/5，是全国最重要的稻谷产区，只有西部因降水减少而有较多的麦类和杂粮。

印度还是中国更在未来领先的争议搁置一边，因为未来尚存太多的变数，就像2007年开始的美国次贷危机一样无人能预料。我们关心的是如此相似的两国有哪些可以借鉴的地方，有哪些经验教训。

　　当今天印度领导人和大多数学者为经济转轨后经济快速增长欢欣鼓舞的时候，我们发现，他们首先为印度经济自豪的是成功地解决了应对饥荒和粮食安全问题。印度当时的领导人甘地夫人和著名经济学者亚玛蒂亚·森都将这一成就作为印度成功的范例，因为经济快速增长固然不易，但它不一定使所有人受益，而解决饥荒并保证国家不受粮食短缺威胁，将使贫民都受益，做到这一点在人口大国尤为重要。

　　所谓饥荒，是指一国粮食严重短缺导致一部分人口因饥饿而死亡的情况。在一个开放性的经济中，信息、物品和人员可以自由地流动，因此无论人口小国还是人口大国，饥荒是可以避免的。假定是人口小国，只要这个国家有购买粮食的经济实力，饥荒和粮食安全问题不会发生。即使是人口大国，由于饥荒的发生具有局部性和时限性，只要处于开放性经济，饥荒问题也是有可能避免的。

　　然而从一个人口大国的角度看，粮食安全则与饥荒不同，它实际上是马尔萨斯200多年前提出的世界食物与人口增长的关系问题，因为它排斥了从其他国家进口食物的可能性。而饥荒问题由于接受了进口食物的假设，只要是开放性经济，饥荒问题将可以成功解决。所以，粮食安全本质上是个生产问题，饥荒是个市场流通问题，两者在这里得以区分。当本国的粮食供给在大多数年份生产大于消费，有充足的库存，粮食问题不但长期得以解决，饥荒也从此避免，饥荒和粮食安全问题在这里得到统一，当然其条件是开放性经济。

作为世界人口第二大国的印度，当国内粮食不足时可以进口粮食应付饥荒，但要靠其他国家彻底

解决粮食安全问题，提供如此庞大人口的食物又绝不可能。以2007年为例，世界粮食总产量约20亿吨，印度产量约2亿吨，中国约5亿吨，中印两国的粮食产量对世界影响极大，若印度或中国的粮食大幅减产，对世界将是一场严重的粮食危机；而当两国粮食的供给出现了严重不足时，世界其他地区通常无力填补人口大国出现的巨大粮食缺口。

因此，印度首先要在粮食问题没有彻底解决时解决饥荒问题；其次，既然粮食问题的解决有助于饥荒问题的解决，那么就提供了可以同时解决粮食和饥荒问题的可能性。印度的实践是20世纪80年代起解决了粮食短缺问题，经济改革特别是经济转轨后不仅追求GDP的增长，而且一并解决了饥荒和粮食安全问题。

一、解决饥荒

在长达200年的英国殖民统治下，印度一直为饥荒所困扰，1943年的孟加拉大饥荒，夺走了200万～300万印度饥民的生命，这是因为解决广大人民的吃饭问题，在当时不为英国殖民者所重视。印度独立后，印度政府没有再让饥荒发生。

(一)印度能克服饥荒的原因

印度著名学者阿玛蒂亚·森认为，印度在独立后有效地解决了

饥荒问题，有着比中国处理饥荒更好的记录。"即使发生了能导致
饥荒的旱灾等自然灾害，也能通过及时的政府行为防止它的实际
发生。"

中国在三年自然灾害时期，局部地区曾发生过严重的饥荒，而
印度在遭受农业严重歉收时却没有发生饥荒。为什么印度能防止饥
荒发生呢?阿玛蒂亚·森认为是印度的议会民主制起了作用。"当选
的政府无法忽视饥荒，因为饥荒是容易引起报纸、反对党和议会活
动家们公开讨论的明显的不幸事件。"也就是说，饥荒是媒体关心的
公开议题，是反对党攻击执政党执政能力的有力武器，执政党把解
决饥荒当作头等大事来做，于是饥荒很容易解决。

阿玛蒂亚·森的观点中有两点是正确的，一是即将发生饥荒的
信息公开得以传播，使全社会造成一种舆论的压力，为解决饥荒创
造条件;二是政府或执政党的政府高度重视，并当国内库存无力解
决的时候有足够的外汇进口粮食以解决饥荒。由于通常发生饥荒的
范围总是有限的，因此一个国家的财力可以临时应付得了。印度
1951年粮食歉收，印度政府进口了450万吨粮食供应给贫民，成功地
避免了饥荒。

然而阿玛蒂亚·森关于印度的政治体制比中国的政治体制更能

处理饥荒的观点值得
商榷。我们且不比较
两国的民主制的不
同，就克服饥荒的原
因来看，只要信息、物
品和人员可自由流
动，就能保证信息的
公开以及市场的人与
物的流通，只要执政

党政府重视饥荒问题,并有应付饥荒的财力,饥荒问题都能成功解决。中国在2008年遭受前所未有的灾害时,表现出的信息透明度和政府处理的能力,印证了中国的政治体制在处理重大突发事件时不比印度的政治体制逊色,甚至更好。当然,阿玛蒂亚·森的这一观点也提醒我们,在中

【走近印度】

印度西北部小麦、杂豆、油菜区,主要包括北方、中央、拉贾斯坦、哈里亚纳和旁遮普5个邦,总面积约123万平方千米,耕地约6 000万公顷。本区由印度河平原和恒河中、上游平原及周围山地组成,气候自东向西由湿润转为干燥,年降水量大约从1 200毫米递减至300毫米以下,但发展灌溉的条件较好,独立后水利事业有很大发展,灌溉面积现占全国一半

国不要重犯过去"左"的错误,即不搞取消"市场"的"一大二公",不刮"浮夸风"。

(二)饥荒与市场的作为和不作为

既然饥荒问题是个市场流通问题,那么一个完善的市场至关重要。在完善的市场中,价格是供求的晴雨表,人员和物品能自由流动,市场会引导供求的平衡。但是市场的信号不一定总是准确的,加上商人唯利是图的本性造成垄断经营也会破坏市场的均衡,此时市场的作为可能就是产生饥荒或加重饥荒的原因。阿玛蒂亚·森研究了印度1943年的大饥荒,"当时商人的误导性投机造成粮食价格飙升,随后又急剧下降到上升前的价格。无条件的赞同市场观点并不比赞同国家观点少出问题。"正是市场错误的信息导致饥荒的加重。

出现饥荒时市场还会出现不作为的现象。当肉类和肉类产品价格下降,市场规律会使畜牧场主大批屠杀牲畜,这种情况在饥荒时经常发生,市场使饥荒更为严重。阿玛蒂亚·森在谈到上述市场不作为时,引用亚·斯密的贸易收益论断:如果我们缺少购买肉类、啤酒和面包的钱,屠夫、酿酒者和面包师对我们没有用处,抑制这种交易将是个主动性的错误,然后面

包师等人向穷人提供食物也是个代价昂贵的错误。

所以,由于存在着上述市场的作为和不作为,在预防饥荒和克服饥荒时,完全依赖市场的力量显然是错误的。

(三)印度克服饥荒的经验小结

从印度有效地克服饥荒的经验看,印度的上述启示在这里可以作一小结:

1. 一个开放性的完善的市场是克服饥荒的基础。在这一市场中信息自由流动,价格作为市场供求平衡的信号,媒体作为引起大众注意的警钟,严重供需不足时在全社会响起警报。在供给一时呈现短缺的时候,市场通过价格调节供需缺口,人员通过流动逃离饥荒,因此形成市场经济是克服饥荒的基础。20世纪60年代初中国三年困难时期,粮食严重短缺,局部地区发生饥荒,如果不是在发生灾情时仍封闭市场、对粮食和人员的流动实行严格限制,而是一个开放性的市场,遭遇饥荒地区的人可以流动到其他粮食短缺稍好一点的地区,或粮食随价格机制浮动进入饥荒地区,饥荒的受灾程度可大大降低。

2. 饥荒即将发生前或发生后,不能单纯地靠市场机制而应以国家辅助市场的机制来摆脱饥荒。当粮食当年歉收而国家又没有足够

的粮食储备时,就要动用财政资金进口粮食,解决粮食短缺。如果对可能出现粮食严重短缺不重视,灾情发生后又隐瞒不报,就会造成饥饿人口的死亡,此时的关键是信息透明,政府重视,只要国家财力允

许或及时请求国际援助,饥荒是完全可以避免的。中国60年代那场饥荒发生的原因是一部分领导干部的浮夸,制造丰收的虚假信息,加之违反自然规律的瞎指挥,发生饥荒后又封闭消息,从而加重了饥荒的受灾程度。现今的中国领导人已经具备了应付任何自然灾害的经验和能力。

【走近印度】

半岛杂粮、棉花、花生区,主要包括古吉拉特、马哈拉施特拉、卡纳塔克、安得拉、泰米尔纳德等5个邦(卡、泰二邦西南地区除外),面积约108万平方千米,耕地约5500万公顷。本区大部坐落在德干熔岩高原上,但沿海冲积平原范围也不小;除东南部降水较多属湿润区以外,一般都属半湿润至半干燥气候,降水的变率也大。加上地形起伏大,故水土流失严重,对农业生产颇有影响。

针对市场出现前述的作为和不作为,政府应该启动紧急机制,在市场经济的基础上,国家对买不起粮食的贫民予以优惠或补助显然是有效的措施。印度的做法是:预先对贫民的身份认定,在饥荒即将发生时对他们发给平价的粮食,使这些人度过饥荒。

3. 政府在解决饥荒的过程中要防止腐败。印度政府在解决饥荒以及扶贫的过程中曾出现了严重的腐败,印度的这部分平价粮有一半给了不应该给的人,因此在印度有人讽刺说有一半的平价粮被偷走了。这也提醒我们在处理救灾款时要有一套完备的监管资金和物资的机制。

二、粮食安全问题

如前所述,作为人口大国,经济增长不能只看GDP的增长,一个很重要的问题是食物生产的增长,它是一国经济的基本问题,它在理论上也涉及"马尔萨斯陷阱"问题。我们先看印度的这方面统计。

印度的食物与人口增长

印度在20世纪50年代遭遇粮食歉收,面对60年代以后的人口增

长，不少印度学者表示了担忧，作出了悲观的预测。他们认为，从1968年起的13年后到1980年，他们没能力养活这些新增的人口。"如果时间允许他们做到，比如到2000年时。也许到1990年就能做到，但是在1980年他们没这个能力。"就"养活"的意义来说，起码要保证人均食物拥有量不低于1967年的水平，然而实际的结果是到1980年，印度生产的食物在高于1967年人均食物拥有量的基础上，满足了新增人口的增长。

从1965年到1980年，印度每年平均增加约1 000万人口，到1980年除累计增加1.5亿人口外，1980年额外增加2 000万人口，但由于食物增长快于人口增长，在1980年成功地养活了新增人口，而且人均水平也有了提高。

印度食品50年间年增长率为3.08％，小麦的年增长最快，为5.05％；而印度人口在50年间则年增长率为2.14％。食物的增长快于人口的增长，在世界人口第二多的发展中国家印度，并没有出现马尔萨斯的悲观局面。

三、解决粮食问题的途径

不让马尔萨斯陷阱形成，即总的发展是食物的增长快于人口的增长，印度在粮食安全问题上的成功可归功于长期的农业政策。

长期农业政策包括保证耕地面积、提高单位面积产量、粮食的价格机制和存储设施、与国际销售渠道的沟通等。

（一）保证耕地面积

耕地面积取决于土地的地形结构和对耕地面积的保护。在印度的国土面积中,平原约占43%,海拔高度几百米的台地和缓丘约占28%,丘陵占18%,山地占11%。由于印度的地形结构远比中国好,印度的国土面积约为320万平方千米,虽然小于中国的960万平方千米国土面积,但纯耕地面积由于占国土面积的47%(中国耕地面积仅占国土面积的10%),所以印度耕地面积比中国还多,约为1.9亿公顷(中国约为1亿公顷),纯耕地面积约为1.4亿公顷。然而,由于印度和中国的人口很多,两国的人均耕地却是世界上人均耕地最少的国家之一,印度的人均耕地面积为0.2公顷(中国为0.1公顷),远远低于世界平均水平。据估计,印度可开垦的土地仅有1 000万公顷,同时印度面临人均可耕地进一步缩小的可能性。但总的说来,印度由于城市很少大规模建高楼大厦,印度的经济开发区规模也很小,所以印度的耕地比中国占用得少,显然,印度的大象式步伐保证了其耕地面积不被随意侵占。

印度总的耕地面积虽然有所缩小,但变化不大,维持在1.9亿公顷水平,而纯耕地面积维持在1.4亿公顷的水平。从印度的经验看,不搞大规模的基本建设,在城市化的过程中使耕地面积呈缓慢减少趋势,正是粮食安全所需。

(二)提高单位面积产量

尼赫鲁去世后,印度政府放弃以土地制度改革为主的战略,采取各种措施鼓励有条件的地区和个人,率先

【走近印度】

　　印度西南稻谷、热带作物区包括喀拉拉邦及其毗邻地区,面积约8万平方千米,耕地400余万公顷。本区在地形上包括西高止山南段及其沿海冲积平原,因地处迎风坡,气候格外湿热,年降水量普遍在2000毫米以上,是国内唯一的热带雨林气候区。区内人口十分稠密,平均每一农户占有的耕地仅及全国的1/4略多,故普遍实施精耕细作,集约化程度较高。

采用各种现代投入以解决粮食短缺问题。政府通过宏观调控手段(价格、税收、补贴等)和一些具体措施(如扩大机构信贷、规范市场等),从多方面支持农民采用农业新技术,从此印度政府转而实行农业新战略即技术投入战略。绿色革命是其标志。农业新战略的主要内容是以推广高产品种为核心,辅之以水力、化肥、农药、农业机械和其他现代投入,以提高农作物的单位面积产量和增加农产品商品率。

　　粮食作物平均每公顷产量在绿色革命开始年份1967～1968年为783千克,到1970～1971年为872千克,1980～1981年为1 023千克,1990～1991年达到1 380千克,2002年达到最高的1 734千克。1980年,英·甘地夫人宣布,印度粮食达到自给自足。虽有些过于乐观,但此后基本上结束了吃粮靠进口的历史。

　　粮食单位产量的提高,主要依靠以下四方面的因素:粮食作物高产品种的推广使用、灌溉面积的扩大、化肥施用量的增加和农业机械化程度的提高。根据中国学者的专门研究,中国和印度在农业技术水平比较时,中国在机械化程度和化肥使用上都超过印度,而根据袁隆平教授的报道,中国在粮食高产方面也远远超过印度。有关研究表明,印度的灌溉面积增长则超过中国,成为印度单位产量提高的重要因素。下面重点分析印度灌溉面积的增长资料。

　　印度的灌溉面积扩大非常明显,这是由于高产品种增产的重要条件之一。印度地处热带、亚热带,日照强,水分蒸发快，雨量分布不均。从季节看，降水集中在6～9月的西南季风雨季；从地区分布看，大多集中在西部和东部沿海地区，如阿萨姆邦和邻近地区、西部沿海地带年降雨量在2 000毫米以上，高原东海岸年降雨量为1 000～2 000毫米，而拉贾斯坦和西北地区仅100～500毫米。降水的季节、地区分布不均，使灌溉越发显得重要。

【走近印度】

　　印度的工业过去有一定基础。独立以来，工业尤其是重工业一直是经济发展的重点。1950～1965年间，印度工业生产平均年递增8%，1966～1989年为5%，发展虽不算很快，但比较平稳，未出现大的起落；若与独立前50年工业生产的年均递增率2%相比，则进步尤为明显。目前，印度已初步建立起一个独立而相对完整的工业体系，拥有40多个工业部门，不仅轻工业和基础工业，就是原子能、电子、航空航天等新兴工业也达到一定规模。

　　印度纯灌溉面积1950～1951年为2 085万公顷，到2003～2004年扩大到5 510万公顷，总灌溉面积1950～1951年为2 256万公顷，到2003～2004年扩大到7 682万公顷。对照中国的灌溉面积发展情况，印度比中国的发展要快得多，这是印度粮食增长的基础设施。

（三）粮食的价格机制和存储设施

　　政府发展农业生产，优先考虑的是粮食生产，商品化也首先体现在粮食上，主要表现为政府收购粮食的增加。印度政府的政策是有最低收购价，遇干旱年有补贴。

　　在粮食最低收购价的保护下，印度每年制定的收购指标基本上年年完成，并大多年份实际收购的存储量大大超过需要的存储量，从而印度不但粮食自给，而且成为粮食出口国。

　　虽然印度成为世界的粮仓，但其各邦的粮食水平差异较大，这是由印度的自然条件决定的。就水稻而言，提供稻谷的主要邦为旁遮普。

　　2005年6月，政府稻谷收购总量的32%来自旁遮普邦，18%来自

安得拉邦,11%来自北方邦和Chhattisgarh邦,7%来自哈里亚纳邦。另外,就粮食商品化来说,各邦中旁遮普邦商品化程度最高,其中小麦商品率达到60%,大米商品率更高达90%,因此印度的粮食生产和商品化还有潜力可挖。

四、解决粮食安全问题的经验小结

通过以上分析,可就印度解决粮食安全问题的经验作一小结。

1. 作为一个人口大国,食物与人口的增长值得重视,因为一旦人口大国食物生产慢于人口发展,其后果将是灾难性的。印度作为发展中国家,其80%以上的人口信奉印度教,大多数人口吃素。资料表明,印度人口所需的60%热量由谷物提供,因此印度的粮食供给与需求的平衡事关国家安全,重视粮食生产是这一人口大国经济增长的基础,这一重要性在所有人口小国并不明显。印度独立后在粮食安全上的成功表明,虽然印度的耕地面积远低于世界平均水平,但没有出现马尔萨斯预言的糟糕状况,关键是农业生产率的提高,印度是没有实行人口计划生育的国家,人口呈自然增长,不但粮食能自给自足,而且成为世界的粮食出口国,无疑为世界解决粮食危机带来光明的前景。

2. 在地少人多的大国,要解决粮食安全问题,必须从三方面着手。一是要在土地政策上保证耕地面积不被人为的肆意侵占,要解决好城市化过程中耕地面积的保护。在中

国,经济开发区的建设及大规模基本建设的投入必须以保证耕地面积最低界限（现被公认为18亿亩)不被突破为原则,否则会带来灾难性的后果。二是要提高农业技术水平,以此提高单位粮食产量。中国过去比较重视粮食种子、化肥和农业机械化水平的提升,但对灌溉面积的增长不

【走近印度】

过去,以棉、麻纺织业为主的轻工业是印度工业的主体,独立以后重工业发展相对迅速,它在工业总产值中的比重已由不足25%提高到55%以上,整个工业结构有了显著的变化。印度在努力发展大工业的同时,对传统的小型工业和手工业采取了保护政策,在增加就业、搞活经济上发挥了积极作用。

够重视,扩大灌溉面积和解决旱地粮食作物的单产提高是今后中国农业的发展方向。三是要有一个稳定的粮食市场,其中国家每年要有稳中渐升的粮食收购价,使农民有生产粮食的积极性,国家也有充足的粮食储备,以应付任何粮食危机的突发冲击。

3. 印度的成功给世界带来希望,但世界粮食危机的形势依然严峻。首先,印度人民的聪明和勤劳以及在农业上的优异表现是有历史传统的,因而印度的经验不能无限地复制到世界其他地方。其次,世界银行的一项调查表明,印度15%的粮食是靠抽取地下水来灌溉的,但是几百万口水井使印度各邦的地下水位下降,一半的手工打井和数百万口浅层管井已经干枯,大量以此为生的人为此自杀,所以印度赖以增加粮食单产的有效武器——灌溉遭遇危机。再次,发达国家的粮食消费模式造成了粮食短缺的新类型。我们知道,发达国家与发展中国家人们的食物消费类型有很大的差别,发达国家对谷物的消费往往是间接的,即通过谷物饲养动物生产肉、奶、蛋来消费粮食,这种间接消费消耗的粮食是直接消费的4倍,而这种消费又是正常的。但现在粮食消费又出现了另

类的严重情况,即有些国家如美国将其谷物产量的25%用于生产乙醇,来作为汽车的燃料,这些谷物可用于5亿印度人口一年的消费量!非洲贫困地区的人们为饥饿所困扰,而在美国等发达国家却将粮食用于他们驾车之燃料,2008年的粮食价格大幅上涨和危机主要是由此发生的。世界人口的每年自然增长,地球资源的有限及有待保护,这就要求国际社会应制止谷物燃料的生产和销售,因为过去的9年中有6年粮食增长低于消费量,粮食安全问题在全球应时刻被关注,不可因印度等国家的一时成功而掉以轻心。

第二节 经济增长模式

　　我们定义经济增长模式是指通过不同的要素投入、技术和市场组合而获得经济增长的途径和方法。要素投入可分为资源投入、劳动投入和资本投入；技术组合包括生产工具的改进、管理创新和知识创新的程度，总的归结为劳动生产率；市场包括国内市场和国际市场、投资品市场和消费品市场、不同政府干预程度下的市场。

> **【走近印度】**
>
> 　　经过40余年的发展，印度工业品的自给程度大大提高，近年来还能向外输出多种轻、重工业产品及一般性的工业技术，成为第三世界向外输出技术最多的国家。但印度工业面临的问题也不少，主要是能源匮乏，运输紧张，资金和先进技术对外国还有不小的依赖，而且由于人民的贫穷，人均工业品消费量甚低，这不仅造成现有设备开工不足，也影响了工业的进一步发展。

　　上述定义吸收了增长经济学和发展经济学的关于经济增长与经济发展模式的合理内核。从经济增长学来看，投入要素和技术是其增长模式的全部；从经济发展学来看，市场运作方式和手段、政府与企业及市场的关系是经济增长的重要因素。

一、世界经济增长模式的演变

　　在工业革命前的很长一段历史阶段，经济增长靠农业和手工业，土地和劳动成为经济增长之源，经济增长模式可称之为劳动投入型。显然,在农业和手工业为经济增长主要动力的年代,拥有广袤的土地、众多人口以及当时相对先进的科学水平的国家占有比较大的优势,这也可用以解释为什么中国和印度在1820年前领跑世界经济的原因所在。但是,工业革命开始后,蒸汽机和专业化分工代替了手工劳动的工场化,要素投入由资源投入和劳动投入为主逐步转移到劳动投入和资本投入并重,工业革命完成后,投入要素由以劳动投入转为资本投入为主。大机器生产要求加大资本投入,走重工业发展之路。18世纪中叶至19世纪后叶的增长来源于资本,其理论可用哈罗德—多马增长模型来概括。根据这一模型,经济增长是储蓄率和资本产出率的乘积,也就是说经济增长取决于一国投资的比例和投资效果。19世纪后叶到20世纪中叶,从内燃机、铁路到电力、电动机,这些普遍实用技术革命性地推动了经济增长。西方发达国家在这个阶段是靠不断的技术和管理创新驱动实现经济增长的,其理论概括就是索洛的经济增长模型。根据这一模型,经济增长除了依靠资本和劳动要素的组合外,还要加上一个技术进步外生变量,构成新的生产函数。我国著名

的经济学家吴敬链认为,马克思在投资驱动作为经济增长的主要因素阶段,曾正确地推断出资本平均利润率的下降规律和劳动者贫困化规律,然而资本主义的发展实际没有出现这种

情况,原因是技术进步打破了收益递减规律。西方资本主义国家在工业革命后使资本主义创造出比历史总和还要多的生产力,开始执世界经济之牛耳。与此同时,工业所需大量劳动力使人口从农村向城市转移,城市化进程加速,西方发达国家的就业人口由第一产业向第二和第三产业

【走近印度】

　　棉、麻纺织工业长期是国内占首位的工业部门,近几十年来,发展缓慢,相对地位显著衰退,1950年棉纺织业尚占全国制造业总产值35%,80年代初已不到9%,同期内麻纺织业的比重亦由14%剧减至3%。印度棉纺织业总的规模现居世界第二位,但手工业在其中仍占相当比重,因而成为国内除农业外提供就业最多的产业部门。

转移,经济增长从产业结构看主要依靠第二和第三产业比重的增加。到20世纪70年代中后期以后,随着信息技术革命的浪潮,经济增长在发达国家进入了知识创新为主要动力,这受益于这些国家教育、科研的进步以及人口质量的大大提高,人力资本成为新的投入要素,而服务业在产业结构中成为经济支柱。理论界在这一阶段出现了形形色色的内生化增长模型。根据这些模型,技术变量不再是外生变量,而是经济本身的内生变量,从而解释了技术进步为什么没有走向经济发展水平趋同,而创新能力强的先进国家继续领先的原因。与上述变迁相配合,市场经济制度的完善、政府对市场干预的不断认识深化、经济不断全球化,产生出具体的各种经济增长成功模式。以上是世界经济增长模式演变过程的简略概括。

二、印度经济增长模式解析

印度经济增长模式不可能脱离世界经济增长演变的影响,同时又有其自身的发展特色。为此可从投入要素、全要素生产率、产业结构的演变三个方面来讨论。

(一)尼赫鲁经济时期的经济增长模式

正如第二章所述,尼赫鲁经济时期的低增长,与印度当时的经

济制度有密切关系。在经济制度上实行"混合经济",即不取消私营企业,但限制私营部门的发展,对其实行许可证管制,同时重点发展公营部门;为了保护印度的民族工业,对外经济政策实行"进口替代";农业的土地改革因为地主势力的反对进行得很不彻底,农业对工业化提供的积累作用甚微。上述经济政策限制了印度的技术进步,设备陈旧,公营企业效率低,政府产生官僚和腐败现象,中央和邦政府资金紧张,财政赤字严重。但是不管怎样,印度在这一时期还是建立起自己独立的工业体系,并成功地解决了饥荒问题,尼赫鲁的经济并非一无是处。

这一时期的经济增长模式,主要表现为投入要素以劳动投入为主,储蓄率和资本形成率较低,公营部门的投资效果不好。产业结构中农业占最大比重,私营和国外企业主要投资服务业,使服务业发展也快于工业。

印度1950~1979年总的储蓄率为7%~20%,公营部门的储蓄率为2%~59%,国家对公营部门投入很大,但其效率很差,难以成为资本积累的源泉。主要靠家庭储蓄来维持不高的储蓄率。同时,这一时期的资本形成率在8.4%~20%。

资本的投入作用不如劳动投入的作用,资本的作用占24.6%,劳动的作用占40.9%,全要素生产率在34.5%。至于代表资本效果的资本产出率则在4左右,这一指标属于中等,归功于印度产业结构的轻型化。

从产业结构看,经济总量中农矿业是支柱产业,虽然其比重从1950年的57%下降到后来的41%，但仍在经济中占首位。工业在经济中的比重基本在20%左右，但服务业的增长要远远高于工业。我们可从公营部门投资构成以及外商公司数量和资产的数据中得到印度产业结构的成因。

> **【走近印度】**
>
> 棉纺织业主要分布于以德干高原为主体的棉花产区，仅马哈拉施特拉邦和古吉拉特邦合计即拥有全国纱锭总数的2／5和织布机的2／3，其中大部分又集中在孟买和艾哈迈达巴德二市。印度以黄麻为原料的麻纺织业规模居世界首位，生产能力的90％以上集中于加尔各答附近南北长约90千米的胡格利河(恒河支流)两岸，这里正当黄麻产区的中心，水陆交通方便，产品并可就近由加尔各答港出口。

外国企业的投资偏重服务业，对基础设施和重工业的投入不感兴趣，而虽然政府有意识地制定了加快发展重工业的政策，也增加了对工业的投资，但考虑到其他行业的发展，政府投资面面俱到，还是使服务业在经济中的比重逐年提高。

（二）印度经济改革时期

印度从20世纪80年代开始改革，与中国的改革进程相似，改革由增强企业活力开始，到全面地过渡到市场经济。印度从英迪拉·甘地提高公营企业效率的改革，到拉吉夫·甘地放松对私营企业许可证管制的改革，均称作为"偏企业导向"的改革。1991年一场外汇支付危机使拉奥政府开始经济转轨，推行经济自由化，到辛格政府完成市场经济的转轨，称作"偏市场导向"的改革，此后经济持续快速增长。

这一阶段的经济增长模式是我们关注的重点。先看储蓄率和投资效果。

虽然公营部门的储蓄仍无多大改观，有些年份还是负的，但私营部门和家庭的储蓄有了很大的增加，分别由1980～1981年的1.6%和12.9%，增加到2006～2007年的7.8%和

23.8%。总的储蓄率由18.5%增加到34.8%。一是储蓄率大幅上升，说明印度的投入要素中资本的分量大大增大，已变为资本投入型；二是其投资来源不是公有部门，更不是政府，而是来自私营和家庭，这与中国由政府投资拉动的增长模式不同。再看印度的资本效果，这段时期，其资本产出率稳定在3，对比中国的资本产出率5，显然印度的投资效果比中国要好。出现这种情况，可能与产业结构和技术进步有关。

对照美国20世纪50—60年代的数据，美国全要素生产率指标为54%，我国学者的研究认为全要素生产率超过50%则其增长模式已由数量型转变为质量型，那么印度这一指标为50.2%，应可视作其增长模式正由数量型转入质量型，虽然离西方发达国家的全要素生产率贡献占70%有一定差距，但已进入向知识创新型的转变时期。

如前所述，印度是个投资比例轻而偏重消费的国家，印度的消费主要是国内市场，3亿人口的中产阶级比美国人口总数还多，这是一个庞大的高端消费市场。相反，印度在国外的投资很少，主要吸收国外资金解决周转，国内有如此巨大的消费市场，从而为克服金融危机，获取经济持续增长创造了有利的增长空间。